설다리

섶다리

수필과비평사

▪ 머리말

동경銅鏡

꽤 오래전부터 마음속에 거울 하나를 들여놓았다. 박물관에서나 만날 수 있는 동경銅鏡이다. 투박한 구리거울, 며칠만 닦지 않아도 녹이 슬어 보이지 않는 거울이기에 매일 닦아야겠다는 생각을 했다. 내 안에 자리한 거울을 닦는 것은 마음을 닦는 일이요, 거울을 통해 보려는 건 자아自我였다. 하지만 그것도 욕심이 앞서다 보니 실행의 어려움을 간과했다. 아직도 구리거울을 통해 나를 보지 못하고 있다.

마음속에 남아있던 불씨를 살릴 일념으로 수필문학에 뛰어들었다. 하지만 왜 써야 하는지에 대한 절박함을 느끼질 못하니 언저리만 맴돌 뿐 깊게 들어설 수가 없다.

시기의 중요성을 절실히 느낀다. 여건이 어렵고 힘들어도 보아야 할 때 보고, 읽어야 할 때 읽어야 했는데, 구실일 뿐 때를 놓쳤음을 시인할 수밖에 없다. 늦깎이로 부산을 떨지만 흉내만 낼 뿐이다.

그러다 보니 알곡은커녕 쭉정이만 가득한 꼴이니 민망스럽다. 유려한 글솜씨로 독자가 감동하기를 바라는 것은 가당치 않다. 그저 글을 읽으면 사람냄새가 나고 진솔하다는 평가라도 받고 싶을 뿐인데 이것 또한 욕심일 것이다.

부족한 글이지만 모두 끌어안고 있을 수 없어 한 번은 정리한다는 심정으로 용기를 냈는데, 막상 세상에 내놓으려니 부끄럽다.

수필집 ≪섶다리≫가 출간되기까지 애써주신 ≪수필과비평≫사와 도움 주신 분들께 깊은 감사를 드린다.

2012년도 늦가을에

변종호

■ 목차

섶다리

마음으로 흐르는 강

늙은 감자와 인생

소중한 사람들

값진 선물

섶다리

다리 위로는 연실 소통의 언어가 넘나들었고, 고단한 산촌의 삶을 이어가는 양식이며 필요한 물품이 건너다녔다. 하얗게 달빛이 부서지는 밤이면 흐르는 물에 흠뻑 빠진 달이며, 별들은 흔들리면서도 어른거리는 빛으로 섶다리를 덮어주었다.

물돌이 마을

회룡포를 제대로 보려면 비룡산 전망대에 올라야 한다. 산은 야트막하지만 가풀막져 숨이 가쁘다. 회룡대에 올라서니 절경이 눈앞에 펼쳐진다. 마을을 휘돌아 흐르는 낙동강지류인 내성천乃城川이 둘러싼 동네. 불어난 물이 뿅뿅다리를 넘치는 날엔 아슬아슬하게 남겨진 산길이 아니면 고립되는 한국최고의 물돌이 마을. 예천의 회룡포回龍浦는 자연이 선물한 곡선미의 극치를 이룬다.

어머니 품에 안긴 듯 편안하다. 유유히 흘러가는 강물과 포근하게 마을을 감싸 안은 넓은 백사장. 긴 띠를 이룬 갈대숲은 금방이라도 서걱대는 잎을 우수수 떨어뜨릴 것만 같다. 온기가 묻어나는 십여 채의 아담한 집, 금방이라도 부러질 것 같은 잘록한 산허리, 추수를 끝낸 허허로운 논과 수확하지 않은 배추밭의 조화는 한 폭의 수채화 같다.

이토록 아름다운 섬 아닌 섬이 조선시대에는 죄인들의 임시 귀양처요, 한국전 당시에는 피난처였다니 가슴이 먹먹하다. 역사의 소용돌이 속에서 소통과 단절이 반복되었던 회룡포 주민들의 생활은 더더욱 지난했을 것이다.

노곤한 삶을 살면서도 이곳에 뿌리를 내리고 대를 잇는 사람들은 어쩌면 굽이굽이 흘러가는 내성천의 물살을 닮았다는 생각이 든다. 때때로 물로 인해 고립되는 고단함 속에서도 회룡포의 역사를 이어가고 있으니 하는 말이다. 문득 고향풍경이 겹쳐진다. 그곳에도 모래밭이 있었다. 하지만 농지를 만들기 위해 축조한 제방으로 백사장이 모두 사라졌다. 세상 이치는 하나를 얻으면 하나를 반드시 잃게 된다는 사실이다.

고향을 닮아서일까, 회룡포만 바라봐도 가슴이 따뜻하다. 객지에서 온 시동생을 위해 허리 굽은 사촌형수가 끓여준 뜨끈한 시래깃국을 한 사발 먹고 난 느낌이다. 펄펄 끓는 사랑방 아랫목에 누워 낮잠 한 숨 자고 난 기분이다. 바쁘게 살아가는 도시에서는 내려놓고 싶어도 내려놓을 수 없었던 삶의 무게들이 어디론가 달아난 듯 몸도 마음도 편안하다. 화룡포는 신이 몸과 마음이 지친 나그네를 위해 준비해 놓은 선물인가 보다.

따뜻하게 맞아준 회룡포의 품에서 노년을 보내고 싶다. 마른 장작으로 군불을 지피고, 흐르는 강물과 백사장, 갈대를 벗 삼아 멋진 수필 한 편 완성할 수 있다면 더 이상 무슨 욕심을 부리겠는가.

낯선 풍경

늦은 귀갓길, 갑자기 몸이 신호를 보내온다. 저녁으로 먹은 음식이 문제를 일으켰는지 속이 거북스러웠다. 집에 도착해 안정을 취했지만 가라앉지 않았다. 미심쩍은 생각에 혈압을 재보니 위험단계를 넘나드는 수치였다. 십여 분 안정을 취한 후 다시 측정하니 더 올랐다. 순간 재작년 썩은 나무 등걸처럼 나동그라지던 지인의 모습이 떠올랐다. 금방이라도 뇌혈관이 터질 것 같은 방정맞은 상상이 뒤따랐다.

한밤중 종합 병원 응급실은 북새통을 이룬다. 위급한 환자들만 모였으니 느긋하게 기다릴 수가 없다. 자기를 먼저 봐 달라고 아우성을 치지만 간호사나 당직의사들은 한눈에 환자의 경중輕重을 파악하는지 끔쩍도 않는다. 이미 응급실의 상황에 이골이 난 게다.

사연도 가지가지다. 싸우다 머리가 터져 선혈이 낭자한데도 고래 고래 소리를 지르는 만취환자. 술은 마시지 않았다며 측정을 거부하다 피를 뽑아야 하는 사고를 낸 여성운전자. 고열로 고통당하는 서너 살배기 사내아이는 악을 쓰며 울어댄다. 일주일간 배변을 하지 못한 이십대 청년은 맹꽁이배를 끌어안고 아파 죽겠다며 의사를 불러달라고 엄살을 부린다. 이윽고 구두코가 하얗게 벗겨진 의사가 왔다.

"관장약을 넣었으니 15분간은 항문이 열리지 않게 꽉 틀어막고 있어야 합니다. 환자가 고통을 호소해도 절대로 놔선 안 됩니다."라는 말에 난감해하던 흰머리칼이 성성한 아버지의 표정이 왜 그리도 우습던지 나는 그만 담요를 뒤집어쓰고 말았다. 나를 간호하던 딸아이가 창피하다며 다리를 꼬집어도 웃음이 멈춰지지 않았다.

집에서 나올 때만 해도 큰 병일 거라는 생각에 마음을 졸였었다. 하지만 응급조치를 받고 조금 살만하니 옆 사람들을 살필 여유가 생겼고 이렇게 웃을 수 있다는 게 놀랍기만 했다.

난생처음 팔뚝에 링거 바늘이 꽂혔다. 뭔지 모를 투명한 액이 한 방울씩 떨어져 혈관으로 스며든다. 피를 뽑을 때와는 전혀 다른 느낌이다. 누군가에게 베풀며 사는 것이 남자의 도리라고 생각했는데 나도 도움을 받아야 하는 나약한 존재라는 사실이 씁쓸하다. 게다가 한 됫박도 되지 않는 저 액체가 혈관 곳곳을 누비며 나를 도와준다는 생각을 하니 헛웃음이 나왔다.

노상, 생자필멸生者必滅을 들먹였다. 세상에 빚진 것도 집착하는 것도 없으니 훌훌 털고 가면 된다는 생각이었다. 시기야 알 수 없지만 죽음을 당당히 맞겠다고 큰소리 친 것은 호기豪氣였음이 여실히 드러났다. 병원에 누워있으니 한없이 마음이 약해진다. 피곤에 지쳐 퇴근한 아내의 얼굴이 오늘따라 까칠하다. 늘 가까이에 있어 소중한 줄도 모르고 지내는 요즘이다.

지금 곁에서 간호를 하고 있는 딸아이와도 바쁘다는 핑계로 여행을 떠난 적이 언제인지 먼 추억이 되어 버렸다. 툭하면 일터로 불러내 잔일이나 시키면서도 당연시 여겨 용돈 한번 두둑이 챙겨 주지 못했다.

이런저런 생각에 잠이 오지 않는다. 얼마나 지났을까. 양 눈에 졸음을 그렁그렁 달고 온 까치집머리의 의사가 나타났다. 일찍 병원을 찾아온 건 잘했다며 현재 특별한 문제는 없지만 정확한 검사를 위해 MRI를 찍어보자고 한다.

새벽 4시가 넘어서자 응급실 풍경은 눈에 띄게 움직임이 굼떴다. 집이 그립다. 결코 융화融和되기 어려운 응급실, 생명을 연장하기도 하고 안타깝게 떠나보내기도 하는 곳이다. 각기 다른 절절함과 염원이 서려있고 살려는 이와 살리려는 사람들이 끊임없이 긴장하며 생사生死를 가름하는 치열한 공간이다.

다시는 찾고 싶지 않은 낯선 풍경 안에서 나는 가족과의 평범했던 일상을 간절히 그리워하고 있다. 침대에 엎드려 곤하게 자는 아내의 휴대폰에 문자를 남겼다.

"우리 여행 갑시다."

활착活着

"뚜-." 문자가 들어온다.

"오늘 오후 6시 30분 청주생방송 투데이에 저희 식당이 방영되오니 꼭 시청해 주시기 바랍니다." 신흥관에서 온 반가운 소식이다.

여주인과의 첫 만남은 3년 전 여름, 그녀가 아파트 앞 인도에서 도넛을 만들어 팔던 때였다. 체구는 작았지만 까무잡잡한 피부에 눈빛이 강한 게 인상적이었다. 장사가 처음인지 행동거지 하나하나가 어설펐다. 게다가 말투는 억양이 센 사투리여서 중국동포이거니 생각했다.

노점을 연 지 일주일도 안 돼 손님이 부쩍 줄었다. 무더운 날씨에 튀긴 음식이 팔리지 않는 건 당연했다. 그녀의 얼굴엔 점점 그늘이 드리워졌다. 도넛을 튀기는 기름만 끓는 게 아니라 그녀의 속도 펄펄 끓고 있을 것 같아 딱해 보였다. 작정하고 말을 걸었다. "덥고 힘들지요, 어디서 오셨나요?"라고 묻는 내 말에 "저는 함흥에서 왔습니다."라고 대답을 했다. 중국동포일 거라 생각했던 나는 북한에서 넘어왔다는 말을 들으니 정신이 번쩍 들었다. 난생처음 북녘에서 고생하며 살던 주민이 바로 내 앞에 있다는 사실에 묘한 흥분으로 설렜다.

그의 가족은 초등학생이 낀 네 명이었다. 죽음을 각오하고 넘는 사선이라 금방이라도 목덜미를 낚아 채일 것 같아 사력을 다했다고 했다. 피가 마르고 애간장이 타들어갔지만 자유를 얻기 위해 수많은 고통을 견뎠다고 담담히 말했다. 한국생활이 꽤 오래됐음에도 조심스레 말을 흘리던 그녀는 당시 악몽이 떠오르는지 몸서리를 치기도 했다. 왜 아니 그러겠는가. 수백 수천 날을 쏟아내도 할 말이 남을 텐데 앞으로도 계속될 탈북자를 보호하기 위해 험난한 여정은 삭이고 있었다.

누이 같다는 생각이 들어서일까. 시간이 나면 노점을 찾았다. 혹시라도 어렵게 자리 잡은 대한민국에서 질시와 무관심에 흔들려 뿌리를 내리지 못하면 안 될 것 같았기 때문이었다.

무엇보다도 삼십여 년을 북한에서 살아 남한 사람들의 취향과 입맛을 알지 못하는 그녀를 보고만 있을 수가 없었다. 장사를 도와야겠다는 생각이 들었다. 우선 손수레에 노란색 바탕의 녹색 글씨로 '이곳은 자유를 찾아 대한민국 품에 안긴 새터민의 자립터전입니다.'라는 현수막을 걸었다. 그로 인해 행인들의 관심은 끌었지만 매출이 크게 늘어나진 않았다. 고민스러웠다. 궁여지책으로 고속도로 휴게소에서 많이 팔리는 구운 감자로 바꿔봤다. 처음이라 그런지 구운 감자가 영 때깔이 나질 않았다. 그래도 매출은 나아졌다. 그녀의 얼굴에 조금씩 웃음기가 돌았다.

몇 해 전 일이 떠올랐다. 산나물을 뜯다가 고개를 든 채 피어있는 소박한 야생화를 만났다. 군락지인 듯 여기저기 많이 있었다. 보는 것만으로 만족했어야 했는데, 처음 보는 꽃의 매력에 푹 빠져 두 포기를 캐왔다. 도감을 찾아보니 족두리꽃이었다. 사무실에 심어놓고 물을 주며 매일 들여다봤다. 하지만 싱싱하던 꽃은 점차 생기를 잃고 마침내 잎이 늘어졌다.

뿌리내렸던 흙을 가져왔어야 했는데 달랑 꽃만 채취해왔었다. 급히 캐느라 손상된 뿌리, 토양이며 바람조차도 다른 환경에서 살아내기란 애초에 불가능한 일이었다. 몸이 달았다. 근처 부모산에서 낙엽을 걷어내고 부엽토를 파다가 다시 심었다. 된통 몸살은 앓았지만 족두리꽃은 생기를 되찾고 살아났다.

몇 번의 메뉴를 바꿔가며 뿌리를 내리려고 애쓰던 그녀가 비록 노점이긴 하지만 함흥꿩냉면으로 메뉴를 바꾼 것은 아주 잘한 일이었다. 포장마차는 손님들로 가득찼다. 하지만 장사가 잘되는 꼴을 못 봐주는 사람이 구청에 신고를 하는 바람에 문을 닫아야 했다.

나는 그녀가 혹시라도 자유를 찾아 죽음을 넘나들며 찾은 한국이 무서운 곳이라고 기억할까 봐 조바심이 났다. 하지만 그녀는 절망하지 않았고 쓰러지지도 않았다. 허름한 집을 사들여 함흥신흥관이라는 꿩요리 전문점을 냈다. 통행이 뜸한 외진 구청 앞이라 손님이 들지 않으면 어쩌나 내심 걱정을 했었다. 한데 삼 년 만에 티브이에 방영이 될 정도로 음식 맛이 인정을 받게 된 것이다.

사람이든 식물이든 뿌리를 옮기면 한동안 주렵을 떤다. 주렵을 떨고 나면 더욱 강해지는 것이 세상이치던가. 사선死線을 넘어 탈출하던 강인함으로 척박한 이 땅에 보란 듯 활착活着을 한 것이다.

반가움에 달려간 신흥관에서 활짝 웃던 그녀는 햇살 아래 빛나던 한 송이 족두리꽃이었다.

하수下手의 훈계

그는 존경하는 친구다.

친구를 존경한다는 것이 쉬운 일은 아니었지만, 존경이란 단어를 사용하기까지는 삼십여 년의 시간이 흐르고 나서다.

사람들은 그를 시기하거나 질투는 하지만 미워하지 않는다. 따라서 해하려는 이도 없다. 많이 배우지도 않았다. 성직자도 수행자도 아니지만 어디서든 성실한 그의 말 한마디 한마디는 함께 있는 사람들의 귀감이 된다. 늘 도전하는 자세로 세상을 살며 성공하는 사람의 자질을 모두 갖춘 사람이다.

친구는 직장에서 만났다. 온순해 보이는 인상이지만 눈매는 매서웠다. 보통 키에 상체는 빈약했지만 축구로 다져진 허벅지와 장딴지는 튼실했다. 늘 허허실실 웃었다. 사람 좋다는 말을 달고 살았다. 하지만 그런 그도 화를 낼 때가 있었다. 만능 스포츠맨이기도 한 그가 게임 중 상대의 비신사적 행동에는 화를 냈다.

어려서 다친 한쪽 눈이 잘 안 보인다는 것을 알게 된 건 한참 지나서였다. 믿을 수가 없었다. 다래끼나 눈병으로 한쪽에 안대를 쓰면 거리 감각이 둔해지고 높낮이 구분이 안 됐다. 그런 그가 축구, 배구를 잘했고 공이 아주 작은 탁구도 잘 쳤으니 누가 짐작이나 했겠는가.

하지만 그에게도 내가 보기에는 흠이 있었다. 회사에서 타는 봉급이 많지 않았는데 그것은 거의 다 애경사 부조로 쓰였다. 때로는 봉급이 모자라 구멍가게를 하는 어머니께 손을 벌리기도 한다는 사실이었다.

아버지도 계시지 않고 동생도 둘이나 되는데 내 상식으로는 도저히 이해가 가지 않았다. 벼르고 벼르다 친구에게 충고를 하기로 했다. 부서회식이 끝난 후 약한 취기가 있는 상태에서 공원으로 갔다. 그리고 하고 싶은 말을 거침없이 쏟아냈다.

"내가 너를 참 좋게 봤는데 지켜보니 형편없는 놈 같다. 잘 알지도 못하는 사람 결혼식, 장례식, 회갑연까지 다 찾아다니느라 봉급이 모자란다니 말이 되냐, 한심한 놈, 저축은 무엇으로 하고 장가는 언제 갈 건데."

작심했던 말을 모두 하고나니 내심 속이 후련했다. 그때만 해도 나는 봉급의 80%를 저축하며 집도 장만하고 가정을 꾸릴 생각으로 짠돌이를 자처하며 살던 시절이기에 그가 그렇게 보였다.

고개를 숙이고 듣던 친구가 말문을 열었다.

“내가 이렇게 하는 건 어머니의 가르침 때문이야, 아는 사람이든 모르는 사람이든 대소사가 있으면 찾아가 위로해주고 축하해줘야 한다. 그리고 적은 돈이라도 꼭 부조를 해야 한다고 말씀하셨어. 봉급이 모자라면 어머니께서 주신다고.”

신선한 충격이었다. 급소를 한 대 제대로 맞은 듯했다. 그랬었구나. 그때만 해도 철이 없어 친구 어머니의 깊은 뜻을 파악하지 못했다. 다만 어머니의 뜻이라는 것만 알았다. 세월이 흘러 세상사는 법을 터득하고 보니 그 말씀이 인간관계에 얼마나 소중한지를 알게 되었다.

이기려면 버려야 할 것과 취해야 할 것을 미리 터득한 친구는 직장을 그만두고 사업을 시작했다. 사업 아이템을 정하는 데도 장래 유망아이템 100개를 선정하고 하나씩 충분하게 검토하고 줄여 나가는 과정이 일 년여가 걸렸고, 최종 두 개의 아이템을 놓고 며칠간 심사숙고를 거듭한 끝에 낙점한 것이 비철금속사업이었다. 이런 과정도 나중에 알았지 진행 중에는 절대로 발설하지 않는 신중함도 지녔다.

대인관계가 성공을 좌우한다는 것은 이미 정설이 되었다. 그러다 보니 사업을 시작하자마자 작든 크든 도움을 주려는 사람들이 줄을 섰다. 부동산을 하는 사람들도 정말 남 주기 아까운 요지의 땅을 소개했다. 또한 들어온 직원들은 그만둘 줄 모른다. 심지어 창업

때 입사한 연세가 지긋한 공장장님은 지금은 아드님과 함께 근무를 한다. 몇 십 년 노력하고 다져진 여건들이 성공의 밑거름이 되었다.

남의 험담을 입에 올리지 않고 칭찬을 찾아내 할 줄 아는 친구, 교만하지 않고 언제나 겸손한 그 친구는 사업을 하면서 다치면 안 된다고 즐겨하던 축구를 그만두고 수영을 시작했다. 성실한 사람이라 어디서든 빛이 났다. 20여 년간 수영을 하면서 다져진 체력으로 철인3종 경기에 도전을 했다. 철인이 된 것이다. 그것도 울트라 철인3종 경기를 16시간에 완주하는 진짜 철인이다.

어머니가 오늘의 친구로 만드셨다. 청주시에서 수여하는 장한 어머니상을 수상하시기도 했는데 성공한 자식이 마련하려는 고희연도 단호하게 만류하셨다. “나이 먹은 게 뭐가 자랑이라고 남에게 폐를 끼치면 안 된다.”라고 하셨단다.

자타가 성공했다고 인정하다 보니 여기저기서 눈독을 들인다. 제발 하지 않았으면 좋겠다 싶은 데서도 손짓을 한다. 철없던 시절, 이런 친구에게 독설을 내뱉으며 어설픈 훈계를 했던 나는 부끄럽게도 보통사람으로 산다. 시작은 좀 늦은 듯하나 멀찌감치 앞서서 든든한 반석 위에 우뚝 서 있는 친구가 존경스럽다. 수첩에 빼곡히 적힌 친구의 스케줄을 보면 현기증이 날 정도다. 그것을 지키며 살았기에 오늘의 그가 있는 것이다.

그 친구를 통해 내 길을 찾는다.

섶다리

내 고향은 강촌이다. 꿈에서도 그리던 섶다리는 고향 길목인 주천강 여울목에 놓여있다. 돌서덜에서 나온 지네 같은 섶다리. 별러서 찾았지만 선뜻 다리에 올라서질 못한다. 매서운 칼바람이 휘몰아친다. 그냥 서 있기조차 어려운 강가를 서성거린다.

갈마드는 마음엔 세찬 눈보라가 인다. 다리를 건너다 잠시 걸음을 멈춘다. 터질 듯 가슴이 아프다. 응어리져 있던 쓰린 기억들이 스멀스멀 목울대를 기어오른다.

해후에 걸린 세월이 어느덧 사십여 년이 넘었다. 그리워할 것 많은 고향에서 섶다리만을 유독 가슴에 품고 기다린 것은 천륜에 끼어든 헝클어진 세상이 원망스러워서였다.

극도로 혼란스럽던 전란 이후, 믿기만 해도 잘살 수 있다는 신흥종교의 감언이설에 현혹된 가장. 살던 집이며 부치던 논밭뙈기를 헐값에 넘겼다. 기를 쓰고 반대하던 어머니와 가족이 잠든 사이 아버지는 다리를 건너셨다. 그렇게 떠나가신 아버지를 오랜 세월이 지난 후 알게 되었다. 아버지를 이해할 수가 없었다. 받아들일 수 없기에 가슴앓이를 할망정 잊으려 했다. 받은 사랑이 없었기에 미련조차 없었다. 때론 아버지의 속마음을 헤아려보려 애쓰기도 했다. 하지만 곁에서만 빙빙 맴돌 뿐 들어가지 못하고 보낸 세월이 길었다.

가슴에 묻어둔 아련한 기억을 들춰본다. 마을 사람들은 봄부터 가을까지 강나루에 줄 하나를 매어놓고 나룻배로 건너다녔다. 황톳물 무섭게 휩쓸던 여름장마도 한두 차례면 끝이 났다.

바쁜 가을걷이를 마치면 강을 사이에 둔 양쪽 마을사람들은 울력으로 강폭이 좁은 여울목에 다리를 놓았다. 아낙네들은 강가에 가마솥을 걸고 닭으로 육개장을 끓였다. 막걸리를 받아다 바가지로 돌리며 도타운 정을 나눴다. 바야흐로 축제의 장이다. 이럴 때면 마을 간에 쌓인 자잘한 감정들은 흐르는 강물에 모두 띄워 보냈다.

시기적으로 무서리 내리는 시월이니 다리가 시릴 만도 했다. 그러나 장정들은 허리춤까지 차는 차가운 물속으로 거침없이 들어갔다. 여럿이 힘을 모아 다릿발을 비스듬히 맞세운다. 마주보는 다릿발이 연결되는 통나무에 쐐기가 박힌다. 저마다 콧노래를 흥얼거리는 일꾼들이 상판을 대신하는 서까래 굵기의 나무들을 다릿발 위로 촘촘히 깔아놓으면 축축 늘어진 청솔가지가 겹쳐 깔린다. 그 위에 흙을 덮으면 마무리가 됐다.

이렇게 놓인 섶다리는 강으로 인해 갈라진 마을과 마을을 이어주는 유일한 통로요 길이었다. 다리 위로는 연실 소통의 언어가 넘나들었고, 고단한 산촌의 삶을 이어가는 양식이며 필요한 물품이 건너다녔다. 하얗게 달빛이 부서지는 밤이면 흐르는 물에 흠뻑 빠진 달이며, 별들은 흔들리면서도 어른거리는 빛으로 섶다리를 덮어주었다. 겨울이 되면 다릿발은 얼음덩어리를 주렁주렁 매달기도 했었다.

돌이켜보면 가정의 든든한 기둥이자 바람막이가 없던 우리 집이었다. 돌 지난 나를 두고 떠나간 아버지 사연을 열 살이 돼서야 어머니로부터 들었다. 그날부터 섶다리는 만나서 누리는 기쁨보다 헤어지는 아픔과 아버지를 떠나보낸 슬픔이 각인된 다리가 되었다.

해거름이면 삽짝 문 앞에서 섶다리를 멍하니 바라보며 서 있는 어깨가 축 처진 어머니를 가끔 볼 수가 있었다.

어느 작가는 “어머니를 일찍 여의면 평생 슬프고, 아버지를 일찍 여의면 평생 외롭다.”라고 했다. 그래서인지 나의 유년시절은 항상 외롭고 풀이 죽어있었다.

같은 하늘 아래 살았지만 함께할 수 없었던 아버지. 가족을 버리고 매정하게 떠난 당신께서 추구하던 이상은 무엇이며, 재산을 다 바치고 얻은 것은 무엇인가. 집 떠나던 아버지 나이를 훌쩍 뛰어넘은 내 나이다. 젊을 땐 아버지가 몹시 원망스러웠지만 나도 아버지로 살다보니 등에 진 짐이 얼마나 무거운지를 알 것만 같다. 잘하고 싶지만 실수를 하고 잘못도 하며 살아간다.

다리를 거닐어본다. 고향사람들이 해마다 섶다리를 봄장마에 그냥 떠내려 보내 듯 이제는 마음의 짐을 모두 털어버리기로 했다. '가족을 두고 다리를 건너던 아버지의 심경이 어떠했을까?' 하는 생각도 거둬들이기로 했다. 제행무상諸行無常이라 하지 않던가. 모두가 변하는데 움켜잡고 살아온 세월이 너무 길었다. 몇 십 년간 꽁꽁 얼어붙었던 마음에 이제야 해빙이 찾아드는 것 같아 숨통이 트인다. 잘못된 선택이었지만, 분명 그래야만 했을 사연이 있었을 것이라고 믿고 싶다. 그동안 꼭꼭 걸어 잠갔던 마음의 빗장을 열어젖힌다. 쉬지 않고 끊임없이 흘러가는 강물을 바라본다. 서로의 몸을 부둥켜 안은 채 다리를 강물에 담근 섶다리는 얼음장 밑으로 강물을 떠나보내며 내게 선인仙人의 언어로 일러주는 듯하다. '마음 편히 살려면 가슴의 응어리부터 흐르는 저 강물에 내려놓으라고.'

'그래 그래야지.' 나는 두 눈을 감고 속삭이듯 중얼거린다.

"아버지! 아버지!"

산행 단상

눈을 뜰 수 없으니 걸을 수도 없다. 세찬 강풍에 모자를 쓰고 장갑을 꼈지만 허사다. 3월의 산을 만만하게 본 탓에 장비를 허투루 준비했고 산행정보도 대충 파악했으니 고생을 하는 건 당연지사였다. 도심에는 하루가 멀다 하고 봄소식을 전하지만 산은 아직도 한겨울이다. 눈에 파묻혀 모가지만 겨우 내민 조릿대며 주렁주렁 매달린 유리알 같은 얼음들, 무릎까지 푹푹 빠지는 설원을 보고 누가 3월의 산이라 부르겠는가.

산악용 마스크에 모자를 쓰고 귀마개를 하니 빙판 위에서 균형 잡기가 어려워진다. 눈으로만 신체의 균형을 잡는 게 아님을 이제야 느낀다.

해발 1천 미터의 산도 이런데 가파른 빙벽 곳곳에 숨겨진 크레바스와 언제 닥칠지 모르는 눈사태, 산소까지 부족한 히말라야 원정대가 느끼는 고통은 인간의 한계를 넘어선 극한의 경지일 것이다. 이로 인해 내로라하는 한국의 산악인들이 히말라야에 오르다 만년설 속에 잠들지 않았던가. 근래에도 안나푸르나 등반 중 박영석 대장, 신동민, 강기석 대원이 실종돼 안타까움을 더해준다.

전문산악인들은 그토록 위험을 무릅쓰고 험준한 고산을 왜 오를까. 나름 그들만의 분명한 철학과 이유가 있을 게다. 생명을 담보로 한 채 에베레스트를 등정하는 그들에게 때론 연민의 정을 느끼기도 한다.

삼도봉 정상을 오르다 기이한 아름드리 떡갈나무를 만났다. 온통 가지들이 꺾어진 상태로 위를 향해 자라다 다시 꺾인 가지에는 여기저기 옹이가 박혔다. 수많은 옹이를 보자니 얼마 전 세계최초로 패러글라이딩으로 히말라야횡단 원정대를 이끌었던 박정헌 대장이 떠오른다. 박 대장은 2005년 촐라체에서 조난 당시 입은 동상으로 열 손가락과 발가락을 일부를 절단했다. 툭툭 불거진 옹이들은 영락없이 손가락마디가 잘려나가 끝이 동글동글한 박대장의 손가락이었다. 그런 최악의 고통을 당하고도 히말라야에 오르기를 포기하지 않았던 불굴의 투혼이 존경스럽다.

요즘 산을 찾는 사람들이 부쩍 늘었다. 그들에게 왜 산에 가느냐고 물으면 대부분 막연하게 산이 좋고 건강을 위해서라고 한다. 그러면서도 산책을 하는 듯한 자세로 산을 가벼이 여기고 오른다. 무시로 위험이 따르는 산행인데도 음주를 하기도 한다. 자연의 소리를 들어야 하는데도 인간이 만들어낸 음악을 듣는다. 펼쳐진 풍광을 즐겨야 하는데 앞사람을 따라가기에 바쁘다. 유유자적 걸으면서 청량한 공기도 마시고 자연의 소리를 가슴에 담으며 물욕이며 스트레스를 내려놓아야 한다.

이십여 년 전만 해도 정말 산을 좋아하는 사람들만 찾았다. 전국의 유명산이나 일부 등산객이 있었지 지명도가 떨어지는 산에서는 사람을 볼 수가 없었다. 그 시절의 등산객들은 산행예절을 지켰다. 아무리 힘들어도 마주치는 산악인들과 인사를 나눴다. "수고하십니다." "조심해 내려가세요." "조금만 더 가시면 됩니다." 등 진정으로 상대를 염려하고 위로하는 마음에서 우러나는 인사였다.

언제부턴가 산행을 하다보면 인사를 나누는 사람이 없어졌다. 그만큼 산을 찾는 사람이 많아졌다는 증거이며 각박해진 인심이 산까지 따라왔다는 생각이 미치면 씁쓸해진다.

겸손한 마음으로 오르는 사람에게는 산은 더없이 좋은 친구요, 스승이며 평안함을 안기는 안식처이다. 히말라야 등 고산이 잠시 허용해 오르는 것을 정복이라 말하는 사람들도 있다. 정복이라니 당치않다. 인간이 무슨 수로 대자연을 정복한단 말인가, 오만함의 극치다. 산에서 겸손과 포용을 익히고 어진 심성을 가꿔야 한다.

해가 갈수록 등산인구는 늘어난다. 건강을 생각하는 마음에서일 게다. 산을 찾는 일반등산객들에게 바라고 싶다. 비싼 기능성 옷보다는 바위가 많은 산에서 실족을 막기 위해 바위에 달라붙는 등산화를 신어야 한다. 신발만큼은 투자를 해도 된다. 산에서의 과욕은 금물이다. 본인의 체력이 허용하는 한도에서 산을 올라야 하고 무리인 듯싶으면 거기서 멈춰야 한다. 동료를 따라잡으려고 무리한 산행을 하다가는 화를 당하기 쉽다.

산은 경주를 하듯 올라서도, 앞사람만 바라보고 올라가도 안 된다. 산을 즐기려면 산행하는 동안만이라도 철저하게 대자연인 산과 동화되어야 한다. 겸손하고 감사한 마음을 가져야 한다. 그래야만 비로소 아름다운 풍광도 눈에 들어오고 자연의 소리도 듣게 되며 산의 숨결도 느끼게 된다. 이래야만 진정 즐겁고 건전한 산행을 하는 셈이다.

산은 그 품에 안겨 동화되었을 때 비로소 인간을 보듬는 산이 되는 것을.

구리반지

신록의 향연이 펼쳐진 싱그러운 산하, 능선을 넘어선 산들바람이 하얀 찔레꽃 무리에 달려와 안긴다. 부끄러운 듯 몸을 흔들며 뿌리는 향기가 그윽하기만 하다. 아침운동 삼아 오르는 부모산, 오늘따라 울어대는 뻐꾸기 소리가 구성지게 들려온다. 고즈넉한 산길, 키다리가 되어버린 내 그림자를 앞세우고 휘적휘적 걷는다. 서두를 것 없이 유유히 걸으며 홀로 즐기는 이 시간이 행복하다.

자글거리는 5월의 햇살은 졸참나무 이파리 사이를 비집고 내려앉는다. 길옆에서 나물을 뜯는 장맛비에 드러난 소나무 뿌리 같은 할머니 손등에도, 주름이 깊게 팬 얼굴에도. 순간, 굼뜬 할머니의 손짓에 반짝이는 금반지가 눈에 들어왔다. 그 반지를 보자 늘 한쪽에 쌓아두었던 싸한 아픔이 가슴을 헤집는다.

반지는 영원한 사랑을 약속하는 결혼반지나 다른 결합結合의 상징으로 많은 사람들에게 사랑받고 있다.

이런 반지를 나는 20년이 넘도록 낀 적이 없다. 아니 낄 수가 없었다. 가슴 깊숙이 박혀버린 그 아픈 모습을 지울 수가 없어 지금까지도 반지를 끼지 못한다.

갑작스레 어머니를 잃은 큰 슬픔에 눈물조차 흘리지 못했던 그날이었다. 손발을 만져보고 가슴속에 손을 넣어봤다. 남아있는 온기溫氣로 좀처럼 어머니의 죽음을 받아들일 수 없었다. 그러나 시간이 흐르고, 점점 싸늘하게 굳어가는 팔다리를 만져보며 힘없이 고개를 떨구어야 했다.

얼마나 시간이 흘렀을까, 염습을 하던 염사가 어머니의 양손을 배 위로 올려놓았다. 마디가 갈라진 손가락에는 광택을 잃은 구리반지가 끼워져 있었다. 생전에 금붙이라곤 몸에 지녀 본 적이 없었던 어머니셨다.

손에 낀 반지도, 옆집 할머니의 금반지를 보고 만들어 드린 것이었다. 어머니는 막내아들이 만들어 준 반지를 끼고는 많이 기뻐하셨다. 비록 구리반지였지만 금반지보다 더 소중하게 아끼셨고 가끔씩 헝겊에 치약을 묻혀 닦곤 하셨다.

반지를 손가락에서 빼낸 염사는 수의囚衣로 감싼 어머니 가슴에 깊숙이 밀어 넣었다. 금반지도 아닌 구리반지를 가슴에 품고 먼 길을 떠나시게 한다는 게 가슴을 찢는 아픔으로 밀려왔다.

어머니는 열세 살 어린 나이로 호랑이 같은 할아버지 손에 이끌려

강원도 두메산골에 질기고도 고통스러운 삶의 뿌리를 내렸다. 내가 첫돌이 지날 무렵 그릇된 신앙으로 가족을 버리고 떠난 아버지를 원망할 새도 없이 홀로 사남매를 키우느라 어머니는 날품을 팔고, 지게질을 하는 고단한 몸이 되셨다.

질곡의 삶이였기에 출가 후 40년이 지나 친정을 찾아간 것도 외할아버지 외할머니가 돌아가셨다는 전보를 받고나서였다. 이런 어머니를 내 안에 가득한 욕심 때문에 구리반지를 가슴에 안고 가시게 만들었다. 이렇게 빨리 떠나실 줄 알았다면 짊어졌던 욕심을 내려놓고서라도 잘 해드렸을 텐데, 때늦은 후회뿐이었다.

좀 더 잘살게 되면 효도해야지 했던 생각도 다 부질없었다. 그렇게 되기도 어렵고 그것이 이루어지면 더 큰 욕심이 생긴다는 것도, 어머니가 돌아가시고 난 이후에 알게 되었다.

인간의 죽음이 슬프고 서러운 건 다시는 만날 수 없다는 사실이다. 알면서도 행하지 못한 주자 십회훈, '불효부모사후회不孝父母死後悔.' 이 평범한 가르침이 가슴을 아프게 할 줄은 어머니 생전에는 미처 몰랐다.

지난해 봄, 뜰 안의 자목련이 봉오리를 터트릴 무렵 아무도 없는 집에 도둑이 들었다. 속속들이 살림살이를 뒤진 도둑은 결혼예물과 애지중지하던 아내의 액세서리를 모두 가져갔다. 패물을 잃어버린 아내는 발을 구르며 몹시 아까워했다. 그런데 참 이상한 일이었다. 도둑을 맞았으니 당연히 속이 쓰리고 아파야 하지만 전혀 아깝지 않았다. 오히려 20년간 짊어졌던 무거운 짐을 내려놓은 듯 마음이 한결 가벼워졌다. 그런 마음에는 평생 금반지 하나도 못해 드린 어머니에 대한 죄스러움과, 끼지도 않고 장롱 서랍에 넣어두었던 반지라 그랬으리라.

어느 일요일이었다. 아내의 성화에 따라나선 백화점 쇼핑길. 유리진열장에 가지런히 늘어선 반짝이는 반지들. 그 앞에서 두 발이 붙어버린 아내는 이것저것 고르며 채근하듯 내게 물어본다. 이게 좋으냐? 저게 좋으냐? 하지만 나는 선뜻 입이 떨어지질 않았다. 아마도, 어머니 생전에 다하지 못한 효도 때문인 것 같았다. 그 순간 내 눈에는 어머니 가슴에 깊숙이 묻어놓은 푸르스름한 녹슨 구리반지만 어른거렸다.

잊혀가는 두려움

풀숲에 매달린 이슬을 보니 가을인가 봅니다. 목청껏 울어대던 매미소리가 잦아들고 풀벌레가 목청을 돋우는 걸 보면 더더욱 그런 것 같습니다. 예년에 없던 폭염과 잦은 폭우로 지루했던 여름이 이제야 떠나는가 봅니다.

사노라면 본인의 의지와는 다르게 많은 것을 망각하며 살아가게 됩니다. 오래 기억하고 싶은 일은 당초의 다짐과는 달리 더 빨리 잊고 맙니다. 가슴 시리고 아파서 얼른 잊어버리고픈 일들은 더디긴 하지만 잊히게 됩니다. 넓은 가슴으로 살고 싶은데 갈수록 서운한 게 많아집니다.

이런 말씀을 드리기는 매우 송구스럽습니다. 당신께선 어쩌면 제 이야기에 빙그레 웃으실 겁니다. 한창 좋은 나이인데 뭐 그러냐고 말입니다. 나이 듦을 느끼며 돌아보니 함께했던 지인들을 제가 먼저 잊은 것도 많습니다. 가하는 사람이 당하는 사람의 아픔을 헤아리지 못하는 거나 매한가지인 걸요. 그런데도 힘이 드는 건 인정하긴 싫지만 정을 나누던 지인들로부터 제가 잊혀간다는 사실입니다. 당신께선 이런 것들을 어떻게 넘기셨는지 궁금합니다.

불가에서는 생과 멸을 연기법이라 하여 인연이 생하면 만나고 그 인연이 다해 멸하면 이별을 한다고 하더이다. 그 많던 인연들이 잊고 잊혀가면서 하나둘 곁을 떠나 덩그마니 홀로 떠나는 게 인생이긴 하지만, 오늘은 문득 그게 두려워졌습니다. 깊게 생각조차 해보지 않았던 터라 생경스럽기도 하지만 점점 누군가에서 잊혀간다는 사실이 눈에 날아 든 모래알만큼 불편하기 그지없습니다.

서울에 있는 큰아이도 내려왔습니다. 이틀 앞당겨 미역국이라도 끓여 먹자는 제 어미의 말을 따랐나봅니다. 결혼을 하면서부터 지금까지 이어지는 맞벌이로 저희 집 생일상은 다소 별납니다. 바쁘다 보니 자반을 굽고 참기름냄새 고소하게 풍기는 나물과 갈비찜 등 이런 호사는 생각조차도 안 합니다.

쌀은 좋은 걸 사다 먹습니다. 찬 없는 밥이라 밥이라도 맛있어야 한다는 제 주장을 따른 게지요. 기름기 잘잘 흐르는 밥이 먼저 자리 잡으면 멀건 미역국이 따라붙습니다. 식탁 가운데 고기를 구울 전기 프라이팬이 떡하니 앉습니다. 팬을 빙 둘러 싼 기름장이며, 잘게 썬 마늘과 청양고추, 쌈채가 놓여지고요, 큼직하게 썰어놓은 양파와 속살이 보이는 표고버섯이 늘어섭니다. 남들은 아침부터 어떻게 고기를 먹느냐고 반문을 합니다만 근 삼십 년을 해온 터라 저희 집은 매우 자연스럽습니다.

케이크에 꽂은 초가 점점 늘어납니다. 두 해만 지나면 여섯 개로 줄어들 겁니다. 밤새 스마트폰과 놀아나던 아이들의 탁한 목소리로 부르는 억지춘향 생일축하 노래는 아주 빠르고 짧게 끝나고 맙니다. 준비한 선물들이 앞에 놓입니다. 작은아이의 선물은 보나마나 뻔합니다. 받은 용돈을 쓰지도 못하고 움켜쥐고 있다가 마지못해 사온 것이니까요. 그래도 안 받은 것보다 좋은 걸 보니 분명 속물이 된 아비가 맞지요.

며칠 전에는 가까운 지인의 생신인데 까마득히 잊고 지나갔습니다. 하루가 지나서야 불현듯 떠올라 죄송한 마음으로 전화를 드렸습니다. 바쁜 사람이 그런 걸 어찌 다 기억하냐며 저를 위로했지만 수화기 속에서 전해지는 섭섭함을 생생하게 읽을 수 있었습니다. 왜 아니 그렇겠어요. 그동안 쌓은 정이 얼마나 깊은데 말입니다. 아무리 생각해봐도 건망증은 아닌 듯싶습니다. 벌써 연이 다해가는 걸까요?

흔히들 하는 말로 다른 인연은 다 있어도 직장 연은 없다는 말을 합니다. 이십여 년을 다녔던 직장을 그만두고 나니 한동안은 전화가 불이 나고 저녁에 한잔 하자는 연락도 잦더니 채 삼 년을 못 넘기고 끊기고 말더군요. 교직으로 정년퇴임을 하신 지인께서도 옆에서 보니 저와 다를 바 없었습니다. 인연은 억지로 맺어지는 게 아니며 잡는다고 이어지는 것도 아님을 이제야 알 것 같습니다.

생일날 아침상을 물릴 때면 걸려오던 전화들이 딱 끊겼습니다. 매형이랑 같은 날이라 미역국은 먹었냐며 잊지 않고 전화를 하던 여든을 바라보는 누님은, 긴 병수발을 하던 매형과 함께 기억해야 할 자잘한 일들은 두루뭉술하게 엮어 떠나보낸 것 같습니다.

나이 차가 많은 형제들은 좋은 것보단 그렇지 않은 게 더 많았습니다. 열댓 명 조카들 혼사 치르는 중간에 매형, 누이, 형님, 형수님의 환갑이었고 어! 하다 보니 칠순이요, 먼 길 떠날 때도 열여덟, 열여섯, 열한 살 손아래 동생의 손길이 필요할 테니까요.

윗사람 노릇하기도 힘들지만 아랫사람 노릇도 만만치 않음을 당신께선 잘 아실 겁니다. 나이가 들면 혈기도 떨어지고 열정이 식어가니 왜 그리 서운한 게 많아지는지 모르겠습니다. 말로는 이해가 다 되는데 머릿속엔 뱅뱅 도는 잔상이 많습니다. 점심약속을 비워두었습니다. 예전에는 참 곤란한 일이 많았으니까요.

해가 갈수록 메일과 문자를 보내도 답장이 줄어듭니다. 나이 듦은 몸도 마음도 굳어진다는 것이라더니 그런가 봅니다. 이것 또한 자연의 섭리겠지만 받아들이기는 쉽지 않습니다. 남들이 잊고 그래서 잊혀가는 저를 지인으로부터 오래도록 남아있게 하려면 어떻게 할 것인가 고민해 보려고 합니다. 기억 속에서 제가 잊는 사람들도 저와 같은 생각을 하겠지요. 제가 알지 못하고 잊는 건 아프지 않은데 잊히는 건 아픕니다. 오늘은 이만 줄이렵니다.

아무래도 제가 가을을 타는 것 같습니다.

머물고 싶은 그곳은

개 짖는 소리조차 들리지 않는다. 마을 앞을 지나는 배들만이 밤바다를 가른다. 몸은 피곤한데 무슨 연유인지 잠이 오질 않는다. 안채에서는 할아버지의 쉰 기침 소리가 간간이 들려온다.

밤늦게 도착해 급한 마음에 서둘러 숙소를 구했다. 허리가 굽은 백발의 할아버지는 낯선 이방인을 반기면서도 경계를 했다. 요금이 적당한 것 같아 하룻밤 묵기로 했는데 할아버지의 말씀이 이어진다.

“저번 날, 젊은이 서넛이 오드만 불 때는 방이 있냐고 해 있다고 했지. 불을 따땃하게 넣어 놓으라고 깝치길래 불을 잔뜩 때 놨더니 오도 않고 가 뿌린 기라, 벨 놈들이 다 있어, 그러니 잘라믄 조금만 걸어.”

빈손으로 와서 방값만 물어 보는 게 못미더웠나 보다. 순박해 보이는 할아버지 말씀을 듣고 보니 다녀간 그 사람들이 얄미웠다. 농사를 짓기도 힘겨운 연세라 얼마간이라도 생활비에 보태려고 민박을 하는데 그리하다니.

짐을 들여놓자, 호랑이보다도 전기요금을 더 겁내는 듯한 할아버지의 당부가 이어진다. 그런 마음을 살펴야 했다. 전기온돌은 찬 기운만 가시게 했다. 전등은 끈 채 스며드는 달빛을 벗 삼은 달콤한 밤이었다.

동녘 하늘이 붉어온다. 카메라를 들고 뛰었다. 멋진 해돋이를 찍을 참이다. 기대했던 다랭이마을은 일출도 장관이다. 비록 수평선에서 떠오르는 오메가 형태의 해돋이는 아니지만 산 능선에서 떠올라 봄 바다를 붉게 물들이던 풍광은 일품이다. 셔터를 빠르게 눌러댔다. 아쉬운 것은 마을이 해가 뜨는 방향이라 제대로 된 사진은 찍을 수가 없다.

이 마을은 50가구 중 외지인은 두 가구뿐, 대대로 이어온 토착민들의 생활터전이다. 마을을 돌아보자니 산비탈을 깎고 석축을 쌓아 농지를 일궜던 선인先人들의 고단한 숨결이 엿보인다. 얼마나 애를 썼을까. 그 바탕에는 먹고살기 위한 치열함이 켜켜이 깔려 있었다. 앞에는 줄 이은 해안절벽의 바다요, 뒤는 깎아지른 돌산인 설흘산과 응봉산이 버티고 있다.

자연환경이 열악하면 삶은 고단해지고 피폐해지는 반면 생활력은 강해지기 마련이다. 평평한 땅 한 뙈기 없던 너덜지대의 산, 수많은 돌들을 들어다 둑을 쌓고 서너 평 남짓한 자투리논에서부터 한 마지기가 넘는 논까지 제각각 다른 백여 개를 만들었다니 놀랍기만 하다.

처음 그곳을 찾는 사람들은 동네로 들어가는 길도 찾기가 수월치 않다. 버스를 세울 곳은 군에서 도로변에 만들어준 주차장이 유일하다. 마을진입로의 조붓한 도로는 차가 서로 비켜가기도 어렵다. 지붕을 맞대어 다닥다닥 지은 자그마한 집들, 하룻밤을 묵고 나니 세속에 물들지 않은 그곳이 좋기만 했다.

네 것 내 것 없이 아무데나 앉으면 밥을 먹을 수 있는 후한 인심, 빼어난 자연경관에 따뜻한 기후로 한겨울에도 푸성귀를 먹을 수 있는 곳. 주민들은 그곳에서 자라는 채소며 해조류로 상차림을 한다. 그리 넉넉지 않은 살림살이지만 자족하는 마을이다.

요즘같이 하루가 무섭게 치솟는 물가도 그들에게는 남의 집 얘기요, 일본의 지진과 방사능 피해도 전혀 상관이 없는 듯했다. 굳이 시계를 볼 필요도 없으니 다랭이마을은 마치 시간이 멈춘 곳 같다.

여행자들에게는 다닥다닥 붙은 논배미와 야트막한 집, 쪽빛 바다를 품어 안은 우뚝 선 산들이 좋기만 한데, 막걸리가 유명한 할매집 아들은 자격지심인 듯 한마디 휙 던진다.

"이래 봬도 우리 아들은 연세대학교 공과대학을 나왔고, 딸은 이화여대를 나왔어요."라며 물어보지도 않은 자랑을 하며 씩 웃었다. 웃음의 의미를 알 듯했다.

아침햇살이 퍼지는 해안 산책로를 걷다가 "여보, 우리도 나중에 여기서 살까요?"라고 묻는 상기된 아내의 얼굴을 빤히 쳐다봤다. 시골 가서 살자고 하면, 정색을 하며 당신이나 가서 살라던 아내다. 다랭이마을의 아늑함과 포근함이 하룻밤 새 이렇게 아내를 달라지게 만들었단 말인가. 실은 나도 그곳에 머물고 싶었기에 내심 반겼다. 그러나 반나절도 안 가 변할 아내의 마음을 아는 터라 웃음으로 넘겼다. 실현가능성이 전혀 없다는 걸 알기에 더 그랬다.

찾아온 이들이 오래도록 머물고 싶어 하는 곳이지만 있는 그대로 보존하는 게 옳다. 명승15호로 지정된 이 마을은 주민들이 전통을 지키며 소소한 정을 나누며 평안하게 살 수 있도록 해야 한다. 그곳을 돌아 본 약삭빠른 외지인들이 주민들의 터전을 파고들게 해서는 안 된다. 선하게 사는 그들이 달라져야 하기 때문이다.

귀갓길, 자꾸 마음에 걸린다. 다랭이마을에 들어선 부동산컨설팅의 빨간 글자.

'투자 상담 대환영'

나부裸婦

찜질방. 다양하고 안락한 휴식장소를 적은 돈으로 제공한다. 찾는 연령층도 다양하다. 차별화된 온도와 시스템에 따라 선호하는 곳에서 찜질을 하고 휴식을 한다.

나이가 들면 멀쩡하던 곳도 결리고 쑤시며 시큰거린다. 물론 이런 증상을 호소하는 것은 아내의 몫이다. 아내는 맞벌이 하느라 산후 조리도 못한 채 출근을 하며 몸을 돌보지 않았다. 지천명이 되니 몸이 신호를 보내 자주 찜질방을 찾게 된다.

찜질방의 풍경은 예나 지금이나 비슷하다. 땀을 뺀 사람들이 바닥에 누워 텔레비전을 보거나 휴식을 취한다. 어린아이들은 제 세상을 만난 듯 뛰어 다닌다. 부모들이 좀 말려주면 좋으련만 관심도 없다. 토굴은 이미 젊은 남녀들이 차지했다. 앞에 붙은 "지나친 애정행각을 삼갑시다."라는 글귀는 철저히 무시되는 게 다반사다.

주말 드라마를 보자는 아내의 청으로 매트를 깔고 누워서 텔레비전을 보고 있었다. 휴식공간인 그곳은 여자 사우나와 같은 층이라 문이 열릴 때마다 본능적으로 눈길이 가지만 이중문이라 어림도 없다.

여자사우나의 문이 빠른 속도로 열린다. 뒤이어 한 젊은 여자가 실오라기 하나 걸치지 않은 채 뛰어 나왔다. 내 얼굴이 확 달아올랐다.

“아니 저게 뭐야, 무슨 일이지?”

고개를 들고 그 여자를 바라 볼 수가 없었다. 그녀는 마치 무엇에 홀리기라도 한 듯 식당이 있는 곳으로 뛰어갔다. 많은 사람들이 있었지만 다들 할 말을 잃고 멍하니 바라보았다. 궁금했지만 순간적으로 일어난 일이라 옆 사람과 수군거릴 뿐이다. 우리 내외도 마찬가지였다. 마치 꿈을 꾼 것만 같다. 찰나였으니 궁금증에 의한 상상만 점점 곁가지를 칠 뿐이었다. 잠시 후 그 여자가 다시 뛰어왔다. 팔은 축 늘어지고 다리도 휘청거렸다. 그때까지도 벗은 몸 그대로였다.

연륜은 그때도 통했다. 보다 못한 연세가 지긋한 여자 분이 뛰어가 커다란 수건으로 여자의 아랫도리를 감싸주었다. 여자는 그제야 본인이 알몸인 줄을 알았다. 정신이 든 여자는 털썩 주저앉으며 울음보를 터트린다. 울음소리에 섞여 나온 말은 “우리 애가 없어졌어요.” 조금 전까지만 해도 여탕 안에 있던 세 살배기 사내아이가 없어졌단다. 그제야 바라보던 사람들이 고개를 끄떡인다.

모두 아이를 찾아 나섰다. 방송을 하고 남녀사우나와 찜질방, 식당, 오락실, 수면실, 휴게실, 탈의실을 모두 뒤졌다. 순식간에 찜질방은 벌집을 쑤셔 놓은 듯했다. 하지만 아이는 없었다.

8년 전이다. 우리 사무실 바로 옆 가게에는 세 살배기 사내아이가 있었다. 쌍꺼풀진 커다란 눈에다 까만 곱슬머리의 예쁜 얼굴은 모두가 탐을 낼 정도의 귀여운 아이였다. 그런 우겸이가 없어졌다. 아이 엄마 아빠는 얼굴이 하얗게 질린 채 정신없이 이리저리 뛰어다녔다.

대단위 아파트단지인데다 학교와 시장이 있어 행인의 왕래가 많아 난감했다. 아이를 찾다보니 고만고만한 애들이 우겸이로 보였다. 한 시간이 지났지만 찾질 못했다. 시간이 갈수록 애가 탔다. 혹시나 해서 다시 아파트단지로 들어가니 어떤 아줌마가 아이를 안고 걸어오고 있었다. 아이 혼자 아장거리고 다녀서 관리사무실로 데리고 가는 중이라 했다. 아이를 안고 가게로 가니 우겸이 엄마는 아이를 안으며 엉엉 소리 내어 울었다.

어떤 극한 상황이 오면 가장 초인적인 힘을 발휘하는 것이 여자다. 여자라서가 아니라 엄마이기 때문이다. 열 달 동안 자궁에서 탯줄로 이어진 아이와 함께 호흡하고 영양을 공급하며 모진 산통을 겪으며 낳고 기른 아이에 대한 모성애는 세상의 그 무엇보다도 강하다.

탈진한 아이 엄마가 직원의 부축을 받으며 나간 뒤 찜질방은 평정을 찾았지만 마음은 불편했다.

한 시간이 흘렀을까, 삼십대 남자가 아이를 안고 휴게실로 들어왔다. 모든 이들의 시선이 집중되었다. 멋쩍은 듯 뒤통수를 긁적이던 사내는 고개를 숙이며 인사를 하고 말을 이어갔다. "죄송합니다. 아이 아빤데요, 제가 데리고 밖에 나갔었는데 이야기를 안 해서 아이 엄마가 그랬나 봅니다. 정말 죄송합니다." 그 말을 하는 동안도 아빠의 품에 안긴 아이는 천진난만하게 웃었다.

안도의 한숨이 나왔다. 하지만 아이 아빠의 무책임한 행동에 화가 났다. 갑자기 없어진 아이로 인해 극한 공포와 충격을 받은 아이 엄마는 나부가 된 것도 모른 채 실성한 사람처럼 뛰어 다녔질 않았던가. 아마도 그 일은 평생 잊을 수 없는 상처로 가슴에 남을 것 같다.

갑작스런 나부의 출연도 사연을 듣고 나니 전혀 흉하지 않은 영상으로 기억되었다. 엄마였기에 그랬다.

마음으로 흐르는 강

물새가 노닐던 바위에 앉아 흐르는 강물을 하염없이 바라본다. 그리던
고향의 강은 아니지만 흘러가는 물길을 보면 어느새 무거웠던 마음의 빗장이
스르르 풀린다. 가슴 가득한 그리움도 응어리진 서운함도 춘풍春風에
녹아내리는 잔설처럼 사라져 평온한 마음이 되곤 한다.

부부

백발의 바깥노인이 양팔로 머리 위에 하트를 만든다. 전혀 어색하지 않다. "고마워요," "사랑해요."를 입에 달고 사신다.

KBS인간극장 〈백발의 연인〉의 한 장면이다. 양팔로 하트를 그렸던 할아버지가 아흔넷, 할머니는 일곱 살 아래인 여든일곱이다.

잠시도 떨어져서 살지 못한다는 천생연분 노부부 이야기가 가슴을 찡하게 한다. 편히 모시겠다는 자식들의 청을 뿌리치고 산촌에서 사는 두 분은 고령임에도 젊은이 못지않은 애정표현을 하신다. 마음 깊이 우러나는 몸짓이다. 할머니가 안채에서 뚝 떨어진 화장실에 갈 때면 할아버지가 랜턴을 들고 나 서는 것은 물론이며 무서움 많은 할머니의 청에 흔쾌히 노래도 불러드린다.

심리학자에 의하면 열정적인 사랑의 유효기간이 채 2년도 안 된단다. 그럼에도 부부로 맺어진 지 칠십 년이 지났어도 저렇듯 애틋

하니 놀라운 일이다.

천륜과는 달리 부부는 서로가 선택한 최고의 인연이다. 그런데도 살다보면 억겁의 인연임을 망각한다. 장점이 많은데도 흠이 보인다. 잘하는 건 기본이고 눈높이를 높이며 상대가 더 잘해주길 바란다. 가장 가까이 있는 보호자요, 동반자이며, 긴 병에 곁을 지켜줄 간병인임에도 소중함을 잊은 채 살아간다. 상처가 되는 말도 기분에 따라 거침없이 내뱉기도 하지 않는가.

부부의 연으로 살면서 한두 번 고비를 안 넘긴 사람이 어디 있을까. 모두가 소통의 부재에서 오는 것임에도 성격 탓을 한다. 요즘 들어 황혼 이혼이 급격히 늘어난다. 참으로 안타깝다. 요구하는 쪽은 십중팔구 아내 쪽이다. 이유인즉 지금까지는 참았지만 더는 못 견디겠단다. 이혼을 하고 당분간은 시원할지 모르지만 후회 않는 사람은 극소수일 것이다. 부부란 그렇게 맺고 갈라서는 게 아니니까.

한때는 전원생활을 꿈꿨다. 하지만 아내의 반대에 부딪쳤다. 설득하기가 어렵다는 걸 느낀다. 하긴 농촌생활은 보기에는 낭만적이지만 불편함이야 하나둘이 아닐 게다. 손 가는 일도 많을 것이요, 대화를 나눌 사람이 없으니 적적할 테고, 겁 많은 아내는 해가 지면 문밖 출입도 못할 것 같다.

실내에서 모든 것이 이뤄지는 아파트생활에 비하면 전원생활이 불편한 것은 자명하다. 오랫동안 길들여진 편리함을 뒤로하고 시골로 가지 않겠다는 아내의 이유다.

시골과 달리 도시생활은 경제력만 있으면 남편 없이도 살 수 있다. 해가 갈수록 여성의 사회활동은 늘어나는데 비해 상대적으로 집에서 해야 할 남편역할은 줄다보니 아내들의 시각도 달라졌다. 당당하고 요구가 많아졌다. 그중에는 받아들이기 어려운 부분도 있다. 견해차로 충돌한다. 별것 아닌데 다툼으로 이어져 더러는 이혼까지 가는 경우도 있다.

사람은 생긴 얼굴만큼이나 사는 모습도 다르다. 부부가 서로를 존경하는 의미에서 존대를 하는 사람도 있고, 아내의 존대에도 불구하고 반말하는 남편이 대부분이다. 나 역시 그래왔다. 하지만 백발의 연인은 서로 존대를 하셨다. 칠십여 년을 그리 살았으니 서로 아끼고 사랑하는 마음이 절로 나오는 것 같았다. 부부의 대화를 반말에서 존댓말로 바꿔도 무례한 언행을 하지 않는다고 한다. 평생을 해도 다 못한다는 공부지만 이순을 바라보는 나이가 되니 몰라서 못하는 것보다 알면서 안 하는 것이 더 많다.

얼마 전부터 우리 내외는 방을 달리 쓴다. 일찌감치 찾아온 이별연습인 듯해 씁쓸하다. 아내의 갱년기현상이 주된 이유다. 잠귀가 유난히 밝은 데다 한번 깨면 다시 잠들기가 어려운 나를 배려한 아내가 슬그머니 잠자리를 옮겨버렸다. 적응하기까지는 어려웠다. 하지만 한동안 떨어져 지내보니 이것도 괜찮다는 생각이 들었다. 자고로 부부의 잠자리는 같아야 한다던 내 주장은 나이 듦의 생체변화에 의해 여지없이 무력화된 셈이다.

가정이라는 울타리 안에서 속속들이 상대를 꿰고 있는 부부가 상대를 존경하며 산다면 그 바탕에는 깊은 신뢰와 사랑이 깔려야 가능한 일이다.

인간은 관계적 동물이다. 때문에 행복을 느끼려면 가장 가까운 사람과의 관계가 좋아야 한다. 얼마 전까지도 밖에서 남들에게는 대단히 우호적이었다. 하지만 정작 가족과의 관계는 그러질 못했다. 안팎이 전혀 다른 사람이었다. 그러면서도 내심 밖에서 일하는 사람을 이해해주길 바랐다.

이제야 어떻게 살아야 잘사는 것인지 알 듯하다. 무엇을 바라기보다는 무엇을 해줄까라는 고민을 해야겠다. 여태껏 해보지 않아 비록 서투르고 유치해 보일지라도 애정표현을 해야겠다.

거울 앞에서 연신 하트를 만들어 본다. 영 어색하다.

가령산의 암송岩松

2월의 산이 몰려드는 불청객을 밀어낸다. 눈 쌓인 오르막길은 한 발을 내딛으면 반 발은 미끄러진다. 산을 내려간 두 사람의 발자국을 따라 걷는다. 희미한 흔적은 이어지다 끊기기를 반복한다. 내심 불안하다. 불현듯 "눈 내린 들판을 밟아 갈 때는 그 발걸음을 어지러이 하지 말라. 오늘 걷는 나의 발자국은 반드시 뒷사람의 이정표가 될 것이다."라고 했던 사명대사의 선시禪詩가 와 닿는다.

20여 명의 장년층 회원을 이끌고 겨울 산을 오르자니 행여 다치지 않을까 염려스럽다. 힘들지 않은 산행이 어디 있을까마는 오늘따라 더 많은 체력을 요구한다. 능선을 따라 걷다보니 고사한 소나무들이 자주 눈에 띈다. 매년 더해가는 환경 탓인 듯해 마음이 무겁다. 거친 숨을 고르며 껍질이 벗겨져 나간 소나무의 속살을 들여다본다. 겉만 보고 사람의 속을 알 수 없듯, 겉으로 보기에는 무르고 약해 보였던 소나무. 수피가 떨어져나간 속살은 비틀리며 자란 흔적이 남아있고 뼈대 같은 튼실한 관솔을 보니 그 어떤 나무보다 강한 이유를 알 것 같았다.

해가 갈수록 높아가는 기온은 지구의 생태계를 변화시킨다. 아열대식물이 남부지방에 자리를 잡고, 사과 경작지도 점점 북상하고 있다. 지구환경이 이대로 악화되면 50년 후에는 우리나라에서 소나무를 볼 수 없을지도 모른다.

천연기념물로 지정돼 보호받는 소나무들을 보라, 그 수세가 얼마나 당당한가를. 예로부터 소나무는 단단하고 벌레가 생기지 않고 휘거나 갈라지지 않아 궁궐을 짓는 데 쓰였다. 이런 소나무를 우리 산에서 볼 수 없다니 상상조차 하기 싫다.

능선을 따라 오르내린 노곤한 몸은 뜻하지 않은 귀한 보물을 만났다. 갈라진 좁은 바위틈에 뿌리를 내리고 당당하게 서 있는 소나무, 아! 탄성이 절로 나왔다. 대자연이 빚어놓은 저 예술작품을 무엇과 비교할까. 마치 조경사가 가지치기를 해 잘 키워 놓은 듯 적당한 수고樹高에 걸맞게 옆으로 뻗은 가지, 튼실한 밑동의 굵기가 기막힌 조화를 이뤘다. 한동안 넋을 잃고 바라보자니 애잔한 마음이 들었다.

몇 해 전 중국황산을 다녀왔다. 연중 비가 오거나 운무가 낀 날이 280여 일 정도라 그런지 암벽에서 자라는 소나무가 많았다. 키는 작지만 광택이 나는 무성한 잎과 균형 잡힌 가지가 일품이었다. 바위에 붙어살지만 비나 운무로 수분공급이 충분해 잘 자란 것 같았다.

가령산에서 만난 소나무는 달랐다. 열악한 환경일수록 생명체는 강해진다고 했던가. 황산 소나무에 비해 잎이며 수피가 거칠어 보였지만 한민족의 기상처럼 기품이 있고 강인해 보였다. 얼핏 봐도 수령이 20~30년은 돼 보인다고 모두들 한마디씩 던진다.

척박한 바위틈에 뿌리를 내리자니 얼마나 힘들었을까. 저렇게 꼬이며 마디게 큰 것도 거친 환경에서 살아남기 위해 성장을 억제한 탓이리라. 바람막이 하나 없는 휑한 산등성이 바위에 활착하여 저렇듯 당당한 모습으로 우뚝 서기까지는 수많은 고난이 따랐을 성싶다. 암송岩松을 바라보자니 한 친구의 얼굴이 겹쳐졌다.

가정부와 공장 일을 했던 부끄럼이 많은 소녀였다. 그간의 삶도 녹록지 않았지만 가슴 깊이 간직했던 배움의 열정으로 마흔아홉의 늦깎이로 공부를 시작했다. 9년간의 만학으로 중학교, 고등학교 과정을 마치고 며칠 전에는 그 무엇보다 빛나고 값진 졸업장을 가슴에 안은 친구의 인생여정이 바로 저 바위의 소나무를 닮은 것 같다.

공부가 힘들고 어려운 건 아니었다. 교통사고로 인한 부군의 중상으로 2년여의 간병이 너무 고달팠다. 악재는 겹친다고 했던가. 어느 정도 몸을 가눌만 하니까 다시 위암이 발견되었다. 중한 상태라 몇 번의 수술을 해야 했기에 병원을 오가며 자신의 가혹한 운명을 원망하기도 했었다.

가령산의 두 그루 암송岩松이 갈라진 바위틈에 깊게 뿌리를 내리고 튼튼한 밑동을 키웠 듯, 모진 시련을 겪어낸 친구도 초등학교

최종학력에서 어엿한 대학교 사회복지학과 학생이 되었다. 또한 하나님의 종으로 평생을 봉사하고 희생하는 자랑스러운 사제아들을 키워 내기도 했다.

꼬임이 많은 실일수록 질겨지고, 마디게 꼬여가며 자란 소나무일수록 쉽게 부러지지 않는 게 세상이치와 같다. 고단했던 지난 일들은 옛이야기로 남겨두고 이제는 행복하게 살았으면 하는 바람이지만 사회복지학을 선택한 것을 보면 남은 인생도 봉사와 희생으로 순탄치는 않을 것 같다.

고단한 산행에서 만난 두 그루 암송岩松과 이순을 바라보는 나이로 대학생이 된 친구에게 바란다. 지금의 모습으로 오래오래 살아주기를.

만만한 사람

"인상이 참 좋으시네요."

많이 들어본 인사다. 이런 말을 들으면 기분이 참으로 묘해진다. 칭찬 같지만 속내는 이 사람에게도 만만한 사람으로 보였다는 피해의식 때문이다. 우리는 흔히 상대를 첫인상으로 분별한다. 0.5초도 안 되는 찰나에 동공에 착상돼 뇌로 인지되는 얼굴형상이다.

길이도 들쑥날쑥 제멋대로인 자신만의 잣대로 잠시 마주친 사람의 첫인상을 각양각색의 사람으로 판별한다. 한 번 각인된 첫인상의 이미지를 바꾸는 데는 최소한 몇 년이 흘러야 가능하다니 IT가 선도하는 정보화시대에 참으로 아이러니하다.

첫인상은 면접이나 남녀 간의 만남, 무시로 이뤄지는 일상적인 대면이나 비즈니스로 만나는 고객과의 조우에서도 커다란 비중을 차지한다. 취업을 앞두거나 결혼적령기에 들어선 젊은이들이 인상을 부드럽고 편안하며 아름답게 보이려는 성형은 날로 늘어나는 추세다. 오죽하면 의예과 지원자 중 성형외과 지원율이 단연 높다는 사실이다.

어디서 사람을 만나든 인상이 나쁘다는 말을 들어본 적은 별로 없다. 달리 보면 그만큼 속이 훤히 들여다보이는 편안하고 쉬운 상대라는 의미도 된다. 그래서인지 이런저런 부탁이 많다. 자잘한 것에서부터 들어주기 어려운 부탁까지도 서슴지 않는다. 이런 점을 악용해 감언이설로 꾀는 사기꾼들까지 있으니 매우 유감스러울 뿐이다.

태생이 남에게 해를 끼치지는 못하지만 당한 횟수는 부지기수다. 이미 소소한 눈속임으로 수십 번은 속았고, 덩치 큰 부동산매매 사기도 당했다. 일이 있고 나면 다시는 당하지 않겠노라며 마음을 다잡아보지만 얼마 되지 않아 비슷한 유형으로 또 당하고 만다.

몇 해 전 믿는 도끼에 발등이 제대로 찍혔다. 믿었기에 의심을 할 수 없었다. 자주 밥도 먹으러 다니고 야유회도 함께하며 몇 해를 보냈던 사람들이다. 기가 막히게 좋은 물건이 나왔다며 하루 서너 차례 드나들며 졸랐다. 나중에는 책임지고 팔아주겠다는 이야기도 했다.

돈 냄새를 맡은 것일까. 두 아이 결혼비용으로 만들어 놓은 돈이 있었다. 그때만 해도 큰아이가 군복무 중이라 몇 해는 회전시켜도 좋았다.

그들은 사놓기만 하면 금방 개발이 되고, 개발이 되면 원금에 맞먹는 시세차익을 건질 수 있다고 했다. 철옹성 같은 내 마음도 물욕이 파고들자 서서히 빗장이 풀려가기 시작했다.

나중에 안 사실이지만 매매할 땅도 아닌 엉뚱한 곳을 보여주고 계약서를 쓰라고 했던 것이다. 그걸 믿고 속으로 곱하기 더하기만 했으니 얼마나 어리석고 한심한 일인가. 곧 개발된다던 땅은 지금도 감감무소식이다.

몇 번에 걸쳐 사놓은 땅 좀 한 번 보여 달라는 아내의 성화가 더욱 거세진다. 미루기만 해선 안 될 것 같다. 설 명절에 스마트폰을 이용해 눈 쌓인 과수원을 헤매다 겨우 찾았다. 안 찾은 것만 못했다. 축 처진 어깨로 차로 돌아오자 아내는 "찾았어요?"라며 묻는다. 군색한 대답은 "못 찾겠네, 이걸로는." 이제와 누굴 탓하랴, 누가 봐도 만만한 사람으로 보인데다 그럴싸한 미끼를 덥석 물었으니.

상대방은 진작에 나를 만만한 사람으로 파악하고 내가 쥔 패를 손금 읽듯 훤히 들여다봤는데 상대의 패를 전혀 알 길이 없었으니 속은 건 당연지사였다. 도망간 소를 기다려봐야 소용은 없지만 외양간이라도 고치겠다는 심정으로 관상학을 배우려고 평생교육원에 문의를 했다. 그 소식을 들은 한 지인은 더 한심하다는 듯 한마디 던진다.

"이봐! 요즘 사람들 관상 봐야 말짱 헛 거여, 다 뜯어 고쳐서 맞지도 않아. 게다가 자넨 사기를 친 사람이 몇 달만 기다렸다 나타나면 알아보지도 못하고 다시 당할 걸.”

맞는 말이다. 참으로 골고루 갖췄다. 만만한 사람으로 보이는 데다 마음도 약하다. 그러니 거절도 못한다. 사람을 못 알아보는 중증의 고질병은 한 달에 두어 번 찾는 고객조차도 알아보질 못한다. 여성에겐 더 심하다. 고스톱을 치면 내 돈을 먼저 본 사람이 임자다. 앞으로도 20여 년은 더 살아야하는데 정말 녹록지 않을 것 같다. 껍데기 없는 민달팽이처럼 위험에 노출돼 있으니.

반만한 사람으로 세상을 산다는 건 힘들고도 슬프다.

마음으로 흐르는 강

물새가 노닐던 바위에 앉아 흐르는 강물을 하염없이 바라본다. 그리던 고향의 강은 아니지만 흘러가는 물길을 보면 어느새 무거웠던 마음의 빗장이 스르르 풀린다. 가슴 가득한 그리움도 응어리진 서운함도 춘풍春風에 녹아내리는 잔설처럼 사라져 평온한 마음이 되곤 한다.

그리움이 커지면 서러움이 된다고 했던가. 흐르는 강물을 바라보면 늘 그리운 고향 주천강이 내 안으로 들어선다. 떠올리기만 해도 미소가 지어지는 아름다운 추억도 내 곁을 떠나 다시는 볼 수 없는 그리운 얼굴들도 물 위에 아른거리다 사라져 버린다.

나이 차가 많았던 형제들. 아침상을 치우기가 무섭게 들로 산으로 일을 나가시던 어머니. 한나절이 지나 그림자 길게 늘어선 텅 빈집은 온통 내 차지였다. 약골에다 소심했던 나는 커다란 미루나무가 서 있는 제방만 넘어서면 언제나 강을 만날 수 있었다. 그런 강은 외롭게 커가던 나의 놀이터요, 쓸쓸함을 덜어주는 변함없는 친구였다.

서산에 걸터앉은 석양이 일렁이는 강물에 금빛 물감을 풀 즈음이면 물 위를 차고 오르는 피라미들의 묘기는 장관이었다. 또한 그곳은 재 너머 장에 간 어머니를 땅거미 질때까지 기다리던 곳이기도 했다.

고향을 그려보면 동네를 둘러싼 높은 산보다는 마을을 휘감아 흘러가는 강물이 먼저 떠오른다. 강물이 많으면 많은 대로 적으면 적은 대로 강을 바라보며 희망을 키웠다.

열여섯에 시작한 객지생활은 어려움의 연속이었다. 보고픔이 쌓여 외로워지고 힘겨운 일이 고통이 되면 강으로 뛰어갔다. 부딪혀 부서지는 하얀 포말泡沫과 너울거리며 흘러가는 강물에 눅눅한 마음을 띄워 보내곤 했었다.

강물도 겉으로 보기에는 유유히 흘러가는 것 같지만 수없이 막히고 걸리며, 부딪혀 부서지고 흩어지면서도 모든 것을 아우르는 너그러운 모습이었다. 어느 것도 거스르지 않고 끌어안는 포용력, 모나고 각진 바위를 감싸 안는 슬기로운 지혜, 흩어졌다 이내 합쳐지는 친화력을 나직한 물소리로 들려주었다.

강물에 대한 동경은 지천명이 된 지금까지 이어져 뭔가 결단을 내려야 하고 내재된 그리움이 커지면 달려가는 곳은 화양구곡을 쓸어내린 물과 청천 뒤뜰을 흘러온 두물머리 여울목이다.

마음에 쌓인 것이 많으면 많을수록 여울져 흐르는 강물이 좋았고, 깊은 상념에 잠기기엔 산 그림자 물에 어리는 잔잔한 대청호가 좋았다.

몇 해 전에는 오랫동안 다니던 회사를 그만두라는 청천벽력 같은 말을 들어야만 했다. 하루아침에 직장을 떠나야 한다는 사실에 눈앞이 깜깜해지며 머릿속이 텅 비어가는 것 같았다. 며칠간을 혼자 고민하고 애태우다 하루 휴가를 내서 고향으로 향했다.

내 아픈 속내는 아랑곳없다는 듯 고향 앞을 흐르는 주천강은 무심하게 흘러가고 있었다. 바위에 걸터앉아 눈이 시리도록 강물을 바라보았다. 쓰리고 아픈 마음에는 마치 강물이 멈춰선 듯하고 초췌한 겨울 나그네인 내가 물길을 따라 너울너울 떠나가고 있었다.

그날 밤 사랑채 문틈으로 비집는 찬바람이 온몸을 오그라들게 했다. 해 질 녘 쓸쓸하게 돌아보았던 사라진 옛집이며 꿈을 키우던 학교와 여울목을 지키던 섶다리. 모두 그리운 추억일 뿐인데 돌아갈 수 없는 유년을 회상하느라 끝내 잠을 이룰 수 없었다.

고향에서 보낸 하루는 자연의 순리에 순응하는 강물처럼 지금은 가혹하게 느껴지지만 주어진 운명에 따라야겠다는 생각을 했다. 잠시 막히고 걸릴 뿐 언젠가는 저 강물같이 흘러가리라 믿었다.

태어나고 자란 곳이 강촌인 나는 흐르는 물같이 살길 원했다. 막히면 돌아가고 부서지면 다시 추스르며 모난 돌 울퉁불퉁한 자갈밭도 어우르고 보듬으며 살고 싶었다. 그러나 내 삶을 돌아보면 교만과 독선으로 듣는 편보다는 내 주장만 강하게 내세운 것 같았다. 강이 보여주었던 상대를 끌어안는 포용력, 거스르지 않고 넘는 슬기로운 지혜, 흩어졌다 다시 합치는 것을 잊은 채 여태껏 살아온 것만 같다.

어려울 때마다 내게 힘이 되어주고 끊임없이 흐르며 부르는 노래가 나직하게 들리는 강. 이런 강을 바라보며 배운 교훈을 다시 한 번 되새겨 본다. 세월이 지나도 변하지 않을 내 마음에 흐르는 강처럼 그렇게 살아보고픈 마음만 간절할 뿐이다.

부를 수 없는 노래

주말 아침 텔레비전에서 가족노래자랑이 펼쳐진다. 시청자가 문자로 참여하는 아침마당은 노래도 잘해야지만 감성을 자극하는 사연이 있으면 더 많은 문자를 받을 수 있기에 출연자들의 애절한 이야기도 가지가지다.

우리가 부르는 노래의 사전적 풀이는 노랫말에 곡을 붙여 자연, 사랑, 그리움, 기쁨, 기다림, 이별, 슬픔 등 가슴에 담긴 감정들을 풀어내는 소리의 형태라고 정의한다. 이런 노래는 흥겹고 기쁠 때, 누군가 그립거나 이별로 인해 슬플 때 자신도 모르게 흥얼거리게 된다.

노래는 시대적 배경과 처한 환경, 나이 및 성향에 따라 부르는 장르가 다르며, 일반적으로 많이 들어야 잘 부를 수 있다. 일부러 배우질 않아도 자주 듣다 보면 뇌에서 어느 정도 가사와 멜로디를

인지하고 거기에 맞춰 노래를 부를 수 있게 된다고 한다.

시공을 뛰어 넘어 유년 시절로 돌아가 보면 그때 어머니가 늘 부르던 노래는 언제나 〈타향살이〉였다. 어머니의 타향살이는 흥겨워서 부르는 것이 아니요, 남편 없이 자식들을 기르던 고통의 소리이자, 천리 먼길 떨어져 있던 부모를 그리며 부르는 한의 노래였다.

"타향살이 몇 해던가, 손꼽아 헤어보니"로 시작되는 〈타향살이〉다. 열세 살 새댁의 몸으로 타관인 강원도 두메산골에서 혹독한 시집살이를 시작했던 어머니. 그런 당신의 친정나들이는 출가 후 사십여 년이 지나 친정부모의 부음을 알리는 전보를 받았을 때 두 번뿐이었다.

기막힌 일이다. 상상조차도 하기 어렵다. 가여운 일이다. 모든 게 낯설기만 한 타향살이도 어려웠겠지만, 첫돌이 지난 나와 가족을 남겨둔 채 유토피아를 꿈꾸며 모든 재산을 팔아 떠난 남편에 대한 원망과 미움이 더 컸을 것 같다. 그래서인지 늘 어머니의 노래는 〈타향살이〉이다.

"부평 같은 내 신세가 혼자도 처량해서 창문 열고 밖을 보니 그때도 옛날" 이렇듯 부르고 또 불러도 끝이 없던 어머니의 한 맺힌 노래 〈타향살이〉는 27년 전에 마침표를 찍었다. 참으로 안타까운 일이다. 사돈어른의 병이 위중해 친정을 간 며느리를 대신해 아침밥을 준비하던 어머니셨다. 싱크대에서 씻던 시어터진 김치포기를 가슴에 안은 채 뇌출혈로 쓰러져 한마디 말도 못하고 먼 길을 떠나셨다.

설 명절을 보름도 안 남기고.

지근거리에 계셨던 어머님께 매일 출퇴근을 하면서 들렀다. 하필이면 그날은 부서 회식으로 늦게 귀가해 불면증으로 겨우 잠드신 어머니가 깰까 봐 건너뛰었는데 그날이 마지막 밤이 될 줄이야.

그 시대에 고생 안 한 사람이 어디 있느냐고 할 테지만 어머니의 고달픈 삶은 지금 생각해 봐도 너무 가혹했었다. 아버지가 떠난 후 살집이며 곡식을 심을 농지며 둘러봐야 아무것도 없는데 자식들만 바라보고 사셨다. 얼마나 막막하고 참담했을까.

얼마 전 텔레비전에서 음악평론가에 의해 성인가요의 역사가 정립이 되면서 고복수의 '타향他鄕'이라는 〈타향살이〉의 원곡이 흘러나왔다. 어머니의 노래였다. 얼떨결에 한 구절을 따라 부르니 목이 메었다. 부를 수가 없다. 맥없이 주저앉아 먼 하늘을 바라보며 부르시던 어머니 모습만 어른거릴 뿐이었다.

가고파도 갈 수 없었던 고향, 수십 년 타향살이를 하는 동안 친정나들이를 못했었으니 부모님을 그리는 마음이 오죽했으랴. 그리도 애타게 그리워하다 돌아가신 후에야 겨우 빈소에 엎드려 인사를 드려야 했던 얽히고설킨 어머니의 한 많은 삶이 안쓰럽기만 하다.

살다 보니 세월이 흘러도 이어지는 기다림이 있고, 아물지 않는 상처가 있으며, 지워지지 않는 그리움이 있듯, 수없이 부르려 해도 끝까지 부를 수 없는 노래가 있다.

부르려 해도 내가 부를 수 없는 어머니의 노래 〈타향살이〉.

몽환夢幻

이십여 년 전. 춘곤증으로 나른한 시간에 사진동아리 회원이 찾아왔다. 뭔가 비밀스러운 말을 하려는 듯 두리번거리다 귓속말을 한다. 세미누드 촬영대회가 있는데 가자고 한다. 말을 듣는 순간 정신이 번쩍 들며 잠이 확 달아났다. 이미 눈앞에는 나신의 여인이 어른거린다.

수동카메라와 두세 개의 렌즈를 갖추고 사진에 한참 빠져 있을 때, 그것도 누드촬영이라니….

행사는 2주일이 남았는데 업무는 뒷전이요, 마음은 앞서 대회장으로 달려간다. 묘한 기대로 조급증이 났다. 행사 하루 전에 참가자들의 교육이 있었다. 누드에 관한 무지한 아마추어 사진동아리니 오죽하랴. 경험이 풍부한 P선배가 촬영에 관한 주의사항을 일러준다. 첫째, 작품을 찍겠다는 정신으로 임하라. 둘째, 여성의 주요부분은 나오지 않게 찍어라. 셋째, 누드는 아름다운 인체곡선을 사진으로 표현하는 것이니 포르노가 아닌 예술사진을 찍으라 했다.

무슨 뜻인지는 잘 모르지만, 체모가 나오면 안 된다고 알아들었다. 마음은 좋은 사진을 찍어야 한다는 욕심뿐이었다. 밤새 잠을 이룰 수가 없었다. 눈은 아파도 정신은 멀쩡했다. '진짜, 실오라기 하나 걸치지 않는 걸까, 설마 최소한의 부분은 가리겠지.' 등 별의별 상상을 하다 보니 여명이 밝아온다.

정작 고대했던 행사날은 비가 내리는데다 바람까지 불어 스산했다. 하지만 대회장인 과수원은 전국에서 모여든 삼백여 명의 사진작가들로 시골대목장터를 연상케 한다. 어림잡아 여성사진작가도 오십여 명은 될 성싶다. 진지한 표정에 고가의 장비만 봐도 주눅이 들 정도였고 나신이나 훔쳐보겠다고 찾아온 사람은 없는 듯했다. 괜스레 온갖 상상만 하던 그간의 속내를 들킨 것 같아 부끄러웠다.

모델보다는 오히려 사진작가들의 긴장한 표정이 역력했다. 모델들은 누드사진의 대가라 불리는 정운봉 선생의 전속이었다. 참여한 모델은 열 명.

노 사진작가 정 선생의 키포인트 강의가 끝났다. 모델을 선택하라고 한다. 잠시 망설이다 사람이 많은 곳으로 따라갔다. 둘러보니 백여 명을 달고 다니는 인기모델이 있는가 하면, 어떤 모델은 겨우 열 명 정도가 따라간다. 얼굴을 포함한 전반적인 바디라인이 인기의 척도였다.

훤칠한 키에 풍만한 가슴, 잘록한 허리와 힙의 조화가 매력적이다. 다른 모델에 비해 또렷한 바디라인이다. 하늘거리는 남색코트에 생머리를 찰랑거리며 걷던 그녀가 멈춰 선다. 옷을 벗은 모델보다 더 긴장한 나는 카메라렌즈를 그녀를 향해 고정시켰다. 몸을 감쌌던 코트가 스르르 흘러내리자 어깨선을 따라 전라全裸의 우윳빛 바디라인이 드러났다. 숨을 쉴 수가 없다. 난생처음 대낮에 여인의 나신裸身을 봤으니….

심도를 조절하는 조리개와 셔터속도를 맞추고 렌즈의 초점을 맞춰야 한다. 하지만, 어쩌자고 가슴은 이리도 쿵쾅거리고 손은 왜 이리 덜덜 떨리는지. 뷰파인더 안에 보인 그녀 모습이 점점 흐릿해진다. 2~3분 정도 포즈를 취하고 빙 둘러선 작가들을 위해 방향을 바꾼다. 그러다 보니 보다 좋은 각도와 위치를 선점하려고 밀고 당긴다. 사진을 찍는 건지, 씨름을 하는 건지 알 수가 없다.

두 시간여의 시간이 흘렀다. 촬영시간 내내 잘 찍어보겠다는 과욕으로 셔터만 눌러댔지 무얼 찍었는지는 기억조차 없다. 촬영 전의 상상은 몽환夢幻일 뿐, 뷰파인더를 통해 본 나신은 그냥 하나의 피사체에 지나지 않았다.

나중에 알게 됐지만, 누드모델이란 남들 앞에서 알몸이 된다는 것 외에도, 고단함이 따랐다. 촬영 전날부터 몸에 자국이 날까봐 속옷을 입어선 안 되며, 차로 이동할 때도 히프에 피가 쏠릴까봐 의자에 앉지 못하고 대부분 서서 다닌다고 한다. 하지만 모델로서 그들의 자부심은 대단했다.

간간이 부는 바람에 비까지 내려 쌀쌀했다. 비록, 까칠하게 소름이 돋은 알몸이지만, 미소를 띠며 촬영 내내 당당하게 유연한 포즈를 취하던 그녀는 진정한 프로모델이었다.

르누아르는 '여체를 그린 그림일 때는 그들을 껴안고 싶어지는 그림을 좋아한다.'고 회고했다. 내 동공에 상으로 맺혔던 모델은 목선을 타고 흘러 내리다 탄탄한 가슴 위에 머무른 선이며, 가는 허리에서 둔부로 이어지는 아름다운 곡선은 인체의 종합예술이었다.

고감도 슬라이드필름 세 통을 찍었는데, 막상 현상을 하고 보니 마음에 드는 사진이 한 장도 없었다. 눈으로 본 실상은 허상이 되었고, 카메라에 담긴 허상이 실상이었다. 위로하는 스튜디오 주인의 말이 지금도 귓전을 맴돈다.

"사진 참 재미있네요, 일부러 찍은 것처럼." 그가 내민 사진은 카메라가 흔들려, 르누아르의 〈소녀의 초상〉처럼 흐릿한 윤곽만 보일 뿐이었다.

수필이 있는 그대로를 옮기는 게 아니라, 작가의 철학이나 절제된 감정을 글에 담아야 하듯, 사진도 사실의 묘사가 아닌 삭제의 기술이었다. 모든 것을 표현하는 것이 아니라 방해되는 요소들을 제거하고, 주제에 걸맞은 부분만 부각시켜야 한다. 한데도 아무것도 지킨 게 없다.

삿된 욕심이 부른 몽환이었다.

눈 내리는 날의 단상

새해 첫날 낙영산을 오른다. 능선에 올라서자 겹겹이 둘러선 산들이 더없이 평온하다. 산은 하나인데 앞뒤 풍경은 전혀 다르다. 공림사가 자리한 곳은 종일 햇볕이 들어 군데군데 흰점을 찍은 듯한 잔설과 잘 키운 분재 같은 소나무들과 기암괴석의 조화가 절묘하다. 뒤쪽은 키재기를 하는 갈참나무들이 줄지어 있고 하얀 설원雪原이 펼쳐져 있다.

눈길을 걸으며 어지러이 나 있는 짐승들의 발자국을 바라본다. 눈 속에서 먹이를 찾아 다녔을 허기진 짐승들의 퀭한 눈망울이 눈에 선하다. 가슴이 아려온다. 갑자기 눈에 푹푹 빠지며 걷고 싶다는 생각이 든다. 신발 안으로 들어온 차가운 눈이 녹아들며 전해지는 뼈저린 아픔을 맛보고 싶었다.

사십여 년 전, 눈을 뜰 수도 없을 만큼 함박눈이 퍼붓던 날이었다.

정강이까지 차는 눈길을 걸어 눈을 잔뜩 뒤집어쓴 채 마당으로 들어서던 누님의 모습이 떠올랐기 때문이다.

아무런 기별도 없이 불쑥 찾아온 초췌한 누님의 몰골을 보자 어머니는 금세 주르르 눈물을 흘리셨다. 그렇지 않아도 일찍 시집을 보내 고생만 시킨다며 안쓰러워하시는 어머니였다. 아랫목에 깔아놓은 이불을 덮어주며 연신 눈물을 훔치시던 어머니는 "썩을 놈."이라는 말만 되뇌셨다.

'썩을 놈.'은 눈 오는 날 저런 꼴로 친정을 찾게 한 매형인지 매형을 꼬여 가산을 탕진케 한 사람인지는 알 수가 없었다.

두꺼비 등 같은 누님의 손만 봐도 안사돈과 올망졸망 커가는 4형제를 부양하는 고단한 삶을 가늠할 수가 있었다. 얼마나 힘겨웠으면 엄동설한에 산을 넘고 강을 건너 백여 리 눈길을 걸어왔을까. 집을 나서기는 했지만 막상 친정을 향한 발걸음은 천근만근의 무게였으리라.

퉁퉁 부은 눈으로 친정을 나서던 그날도 함박눈은 그칠 줄 몰랐다. 어머니는 새끼줄로 누나의 신발 가운데를 동여매주며 울고 계셨다. 팔다 남은 옷 보퉁이에 서너 됫박의 양식을 머리에 이고 발자국마다 눈물을 찍던 누님의 모습이 아련하다.

잘살고 못사는 것은 팔자소관이라지만 짊어진 가난을 평생 떨치지 못하고 독거노인으로 사는 팔순을 앞둔 누님이 가엽다. 가끔 통화를 할 때면, "뭔 눔의 팔자가 이런지 모르겠다. 어머니처럼 얼른 죽었으면 좋겠는데 죽지도 않는다."라는 푸념을 늘어놓을 때면 가슴이 메어온다.

오랜 세월이 흘렀지만 지금도 눈이 쏟아지는 날이면 묻어둔 그리움과 아물지 않은 상처의 아픔이 밀려온다. 눈길을 헤치고 추레한 모습으로 집으로 들어서던 누나, 이승의 연을 끊고 어머니가 먼 길을 떠나시던 그날도 하얀 눈은 발목을 덮었었다.

이런저런 상념에 잠겨 산행을 마치려는데 갑자기 어둑어둑해지는가 싶더니 함박눈이 쏟아져 내린다. 이파리를 떠나보낸 앙상한 나목이며, 세상에 드러나 있던 물상들과 바로 앞서간 사람들의 발자국조차 모두 덮어버릴 기세다.

금세 눈이 소복하게 쌓였다.

누님의 고단한 삶 위에도 하얀 눈이 소복하게 쌓였으면 좋겠다. 누님을 떠올리면 가슴 아픈 일이 다시는 없기를 소망하며, 나는 하산을 서둘렀다.

눈물 속에 진 첫사랑

첫사랑, 정녕 이뤄질 수 없는 사랑인가.

가슴 한쪽에 아련한 추억으로 묻어두고 불현듯 그리우면 누가 볼세라 살짝 꺼내보는 첫사랑. 다시는 만날 수 없다는 것을 알면서도 그녀를 닮은 사람을 보노라면 잊은 줄 알았던 사람이 그리워지곤 한다.

눈 밑에 주근깨는 자글자글했지만 유독 하얀 얼굴에 늘씬한 키, 쌍꺼풀진 큰 눈을 가진 그 아이는 생글생글 웃는 모습이 매력이었다. 지금 같으면 학교 다니며 부모님께 응석이나 부리고 용돈이나 타서 쓰는 나이였을 텐데.

모든 게 낯선 타관에서 고된 일을 하며 기숙사 생활을 하던 그 애는 많이 외로웠었나 보다. 내 이름 석 자와 "보고 싶다."라는 낙서를 수첩에 빼곡하게 써 놓은 것을 봤다고 다른 친구가 나에게 전해주었다.

그 무렵에는 나 역시도 고향을 떠나 어렵고 힘겨운 길을 걷고 있었다. 고학이라는 것만도 고단한데 처음으로 집을 떠나 생활하니 어머니가 보고 싶어 통금 사이렌이 울리고 나서도 잠들지 못하는 밤이 많았다.

동병상련이었다. 서로의 마음이 이러니 명절 때 잠시 볼 수밖에 없었던 우리는 동네 사람들의 눈을 피해 만나야 했다. 추석 전야, 그날따라 무수히 반짝이는 별빛 아래 흘러가는 강물 소리가 정겨운 강둑에서 처음으로 단둘이 만났다.

밤이었지만 서로가 부끄러워 볼까지 달아오른 열기가 상대에게 전해졌다. 하늘거리는 폭넓은 치마와 블라우스를 입었던 그 애는 목에서 기어 나오는 소리로 "보고 싶었어."라며 동동 떠가는 구름이 보름달을 가리는 순간 어둠 속에서 내 손을 꼭 움켜잡았다.

난생 처음으로 잡아본 그 애의 손길은 보드랍고 따뜻했다. 서로가 꼭 잡은 손에는 땀이 흥건하게 배었지만 누구도 손을 빼지 않았다. 그 순간 '아! 이게 사랑이구나.'라고 느꼈다.

더도 덜도 아닌 지금 이대로 시간이 멈춰주었으면 하는 간절한 바람은 그녀를 찾는 가족들의 소리에 산산조각이 되어 강물에 뿌려졌다. 기껏해야 이틀 밤인 짧은 휴가인데다 밤에나 만났던 우리에겐 달콤하고 꿈결 같은 시간이었다. 수없이 서로를 향해 토해 내려다 억지로 밀어넣었던 언어들이 두 사람을 맴돌며 떠나질 못했다.

"꼭 편지해." 손가락 걸며 약속하고 가슴만 잔득 부풀어 오른 채

아쉬운 작별을 해야 했다. 돌아보면 그때가 짧은 순간이었지만 가장 행복하고 짜릿한 시간이었다.

일 년 가까이 편지를 주고받았다. 기다림도 행복이었다. 편지를 받는 날은 무슨 일을 해도 힘들지 않았다. 외롭고 힘든 타향살이에 서로 의지하고 위로받던 두 사람을 운명의 신은 시기를 했었나보다. 얼마 동안 뚝 끊긴 편지에 애를 태우던 차에 친구로부터 그녀가 죽을 날만 기다린다는 청천벽력 같은 소리를 전해 들었다. 귀를 의심하고 되물어봤지만 그녀는 이미 치유할 수 없는 병에 걸려 집에 격리돼 있다고 했다. 이럴 수는 없었다. 무슨 죄가 있다고 채 피지도 않은 꽃을 데려가려 하는지 절대자가 원망스러웠다.

그렇게 보낼 수가 없었다. 한 번만이라도 만나고 싶었다. 병에 걸려도 좋다며 찾아간 그녀의 집 삽작문 앞에서 언니의 완강한 제지를 받았다. 저런 모습은 보지 않는 것이 좋으니 제발 돌아가라며 떠밀던 그녀도 끝내 울음을 터트렸다. 소란스러운데다 내 목소리를 알아들은 그녀는 자물통이 밖으로 잠긴 사랑방 창호문을 찢으며 울부짖었다. 뜯겨진 창살 사이로 비친 비참한 몰골은 도저히 바라볼 수가 없었다. 기어드는 목소리로 나를 불러댔다. 가슴이 터지고 미칠 것만 같았다. 방으로 달려 가려고 하는 나를 친구와 언니가 가로막았다. 그날 이후 나는 아무것도 할 수가 없었다. 온통 내 안에는 그녀의 환상이 가득했다.

얼마 후 그녀는 어설프게 사랑의 씨를 뿌려놓고 활짝 피어보지도 못한 채 시들어 떨어진 꽃이 되었다. 시퍼런 청솔가지와 큰 돌덩이 몇 개를 여린 가슴에 올려놓고 따사로운 햇볕이 온종일 내리쬐는 뒷동산에 묻혔다.

삼십여 년 만에 그녀의 흔적을 다시 찾았다. 설익은 첫사랑의 마침표를 너무 쉽게 찍어버리고 잠들어 있는 그곳에는 마디게 자란 꼬부라지진 소나무 한 그루와 그녀의 가슴을 짓누르고 있었던 돌덩이 몇 개만이 덩그마니 남아있었다.

첫사랑이라는 씨를 뿌려놓고 떠나버린 그녀, 마음이 무겁고 아픈 날에는 울부짖던 모습으로, 내가 밝고 기분이 좋은 날에는 웃는 얼굴로 다가온다. 그 애의 환상은 아직도 열일곱 꽃피는 소녀의 앳된 얼굴로 환하게 웃다가 스러져간다.

오늘따라 그 애가 보고 싶다.

인향人香

어둠이 채워진 현관문을 열자 진한 꽃향기가 달려든다. 막 샤워를 끝낸 여성에게서 날 법한 싱그러운 향이다. 지난봄 발코니에 내다 놓은 만개한 천리향이 문틈으로 향기를 밀어넣었나 보다. 작고 여린 꽃에서 어찌 저리도 강한 향을 품어내는 것일까. 하루 종일 묵직했던 머리가 꽃향기로 인해 맑아지는 것 같다.

그러나 어찌 꽃에서만 향기가 날까. 사람도 어떻게 살아왔느냐에 따라 풍기는 향이 각기 다르다. 향 싼 종이에서 향 냄새가 나고 생선 싼 종이에서 비린내 난다고 하듯, 남을 해害하고 자신의 이익만을 추구하는 사람이 풍기는 냄새는 향기롭지 못하나 자신을 낮추고 사랑을 베푸는 사람에게서는 은은한 향기가 난다.

좋은 향기를 내는 사람들이 많은 세상을 만들어가는 것은 우리의 꿈과 소망이며 이러한 사람들 곁에 있는 것은 참으로 행복한 일이다.

얼마 전 평소 잘 알고 지내던 분이 신장을 기증했다는 소식을 듣는 순간 감동의 전율을 느꼈다. 혈연관계도 아니고, 일면식조차 없는 사람에게 장기를 기증한다는 게 얼마나 어려운 일인가. 일상을 편히 지내는 사람도 아니고 하루 열대여섯 시간 손님을 상대로 고된 일을 해야 하는 그가 남에게 신장을 기증한다는 건 쉬운 일이 아니었기에 쉽게 납득이 가지 않았다. 게다가 검사를 받느라 서울을 오르내리는데 들어가는 비용 또한 기증자가 부담을 했다고 하니 놀라운 일이 아닐 수 없다.

우리나라는 신장수술을 받기 위해 기증자를 기다리는 사람이 몇 만 명에 이른다고 한다. 장기신청을 한 지 십 년이 넘은 환자도 많고, 심지어 기다림에 지쳐 생명을 잃는 이도 있다고 하니 얼마나 안타까운 일인가. 그들이 그토록 갈구하며 염원하는 신장은 가족 친지, 단순의사기증자, 뇌사자로부터 공급받는데 수요대비 공급이 턱없이 부족하다고 한다.

몇 해 전, 함께 문학공부를 하던 문우가 만성신부전증으로 일주일에 두 번씩 투석을 했다. 삼십대 중반인 그녀의 요청으로 바쁜 목회자 남편을 대신해 몇 번 귀가를 도와주었다. 가슴에 꽂은 호스를 통해 피를 거르는 투석이 끝나면 금방이라도 쓰러질 것같이 비틀거렸다. 어느 땐 헛구역질에 시달려야 했고 때로는 어지럼증에 서 있는 것조차 힘겨워했다. 고통스러워하는 모습은 거미줄에 걸려 파닥거리는 잠자리처럼 애처로웠다.

그런 힘겨운 투석은 신장이식을 해야만 끝낼 수 있다. 언제일지도 모르는 기증자를 기다리는 건 본인은 물론, 가족들에게도 큰 고통일 것이라는 생각이 든다. 그러던 어느 날 병원에서 돌아오는 길에 그녀가 내게 물었다.

“선생님! 혈액형이 뭐예요?” 순간 무척 당황스러웠다. 얼떨결에 “갑자기 혈액형은 왜 물어요?”라고 대답을 했으나 그녀가 혈액형을 묻는 건 건강해 보이는 내게 혈액형과 조건이 맞으면 신장 하나를 떼어 달라는 소리로 들렸기 때문이다. 지레 겁을 먹고 말까지 더듬거렸던 그때를 돌이켜보니 부끄럽기 짝이 없다.

그 일이 있고 나서도 내 몸의 일부를 기증하겠다는 생각을 한 적이 없다. 가족이라면 모르지만 다른 사람을 위해 선뜻 신장을 내놓기는 어려울 것 같다.

우리 사회는 작은 생명 나눔의 일환인 헌혈조차 거부하는 사람들이 많다고 한다. 이런 현실에 신장을 기증하고 난 이후에 자신이 끌어안고 가야 할 부작용과 불편은 알 수가 없다. 그런데도 선뜻 장기기증을 하겠다고 나서는 기증자들은 분명 지워지지 않을 향기를 뿜어낼 의인義人이며, 마치 좋은 일을 찾아 하는 천사일 것만 같다.

부창부수夫唱婦隨라 했던가. 신장을 기증한 그분의 아내 역시 평소 장애우 시설을 방문해 열성적으로 봉사를 하고 있다. 이 얼마나 아름다운 일인가! 이런 미담은 사느라 모나고 응어리진 마음을 보듬어 주고 펴주는 꽃향기보다 더 그윽하다.

얼마 전 장기기증에 관한 생방송에 나온 의사의 말이 뇌리를 떠나지 않는다.

"천당과 극락 갈 때 장기臟器는 안 가져가도 됩니다."

그늘에서 피는 꽃

모처럼 누려보는 휴일의 여유다. 아내가 내온 녹차를 마시며 모차르트의 〈플롯 협주곡 제2번 D장조〉에 심취해 있었다. 이 협주곡은 행복감이 넘치는 화려한 곡상曲想을 지니고 있다. 음악에 관한 문외한이었던 내게 클래식마니아 친구가 선물한 곡이다. 틈만 나면 자주 듣다 보니 제법 귀에 익숙한 곡이 되었다.

천둥이 치는 듯한 커다란 소리가 위층에서 들려온다. 중 · 고등학생 자매가 뛰어다니며 쾅쾅거리는 소리를 참아내기란 어려운 일이다. 몇 해 전에도 그런 적이 있었다. 몇 번을 참다 수능 볼 학생이 있으니 도와달라며 정중하게 부탁을 했다. 처음으로 대면한 학생엄마는 살천스럽기만 했다. 적반하장이다. 이럴 정도였으니 오늘도 기다려 봐야 소용없는 일이다. 달콤한 휴식을 접어두고 일찌감치 약속장소를 향해 집을 나섰다.

오늘 함께한 다섯 부부는 삼십 년 지기다. 음식을 들며 도란도란 정담을 나누자니 열 평 남짓한 실내가 갑자기 소란스러워진다. 집에서도 시끄러워 나왔는데 지나치다 싶어 돌아봤다. 고만고만한 아이들이 큰소리로 떠들며 장난을 친다. 부모들이 좀 말려주면 좋으련만 한참을 기다려도 수그러들지 않는다. 철없는 아이들이야 그렇다지만 방관하는 부모들이 몰상식해 보였다.

잘 참아오던 성미 급한 친구의 볼멘소리가 터져 나왔다. "저걸 그냥." 즐거워야 할 자리인데 자칫하면 언쟁이라도 날까 봐 서둘러 입을 막았다. "놔둬라, 애들이 다 그렇지 뭐." 하지만 아이들 행동은 더욱 심해져 앞사람과의 대화도 어려우니 슬슬 화가 났다.

아이들 목소리는 점점 커져간다. 더 있다 보면 필시 큰소리가 날 것 같아 못마땅한 표정으로 소리 나는 쪽을 바라보았다. 멀리 떨어져 있는 아이 부모들이 눈에 들어온다. 그 순간, 얼굴이 확 달아올랐다. 머리를 한 대 얻어맞은 느낌이다.

부모들은 모두 농아聾啞였다. '아! 그랬구나.' 삼십대 초로 보이는 세 부부는 연신 빠른 손놀림으로 수화手話를 하면서 고기를 굽느라 정신이 없었다. 그랬다. 정상인이야 잠시 한눈을 팔아도 귀가 열려 있기에 소통이 이뤄지지만, 수화를 하면 상대로부터 눈을 떼는 순간 곧바로 대화의 단절이 될 것이다. 말을 할 수도 들을 수도 없으니 아이들을 챙길 수 없었을 텐데 성급한 성격 때문에 애꿎은 부모들만 타박했다. 어쩌면 저 부모들은 마음껏 뛰놀고 큰소리치는 자식들을 보며 대리만족을 느끼고 있었을지 모른다.

잠시 지난날의 내 모습이 떠올랐다. 막 태어난 첫아이를 간호사가 보여줄 때 핏덩이의 손과 발이 정상인지 먼저 살폈다. 임신 초기부터 장애가 없기를 얼마나 바랐는지 모른다. 이것이 모든 부모의 마음일진대 잠시 경솔한 짓을 하고 말았다.

헬렌 켈러의 명언이 떠오른다. '세상에서 가장 아름답고 소중한 것은 보이거나 만져지지 않는다. 단지 가슴으로만 느낄 수 있다.'

이 말을 곰곰이 되새기며 그들을 다시 보니 모두 밝아보였다. 장애로 불편은 있겠지만 거침없이 내뱉는 말로 남의 가슴에 못을 박지도 않았고, 해악의 언어도 사용하지 않는 그들이기에 어린애 같은 순수한 얼굴이며 마음을 가졌을 것이다.

그제야 웃고 떠드는 아이들이 다르게 보였다. 그동안 나는 이렇게 심한 편견을 가지고 있었던 것이다. 장애를 가진 부모 밑에서 자라는 애들답지 않게 하나같이 해맑은 표정과 활달한 행동이 대견스러웠다.

참으로 묘한 일이다. 조금 전만 해도 볼멘소리가 목까지 타고 올라왔는데, 마음을 긁어내던 소음들이 사람의 목소리만으로 연주하는 아카펠라의 아름다운 화음으로 들려왔다. 잠시 마음만 바꿨을 뿐인데 세상이 이렇게 달리 보이다니 신기하다.

우리가 때때로 불행하다고 느끼는 것은 내 안의 행복을 찾아내지 못함은 아닐는지.

한참이 지나서야 눈치를 챈 아이 엄마가 손가락을 입에 대며 주의를 준다. 우리에게도 미안하다는 듯 웃으며 연신고개를 숙인다. 알싸하게 달아오른 취기로 발그스레한 얼굴이 아름다웠다. 아이들 엄마를 보니 조금 전까지 못마땅해 하던 옹졸한 자신이 부끄러웠다. 튼튼하고 밝은 아이로 키우는 부모들에게 박수를 보내고 싶었다.

농아로 살아온 아이 엄마들이 가장 염원하는 것은 무엇일까? 신께서 사흘 동안만 한 가지 소원을 들어준다면, 아마도 저들은 말하는 것보다 밝은 아이들 웃음소리와 재잘거리는 소리를 듣게 해달라고 할 것만 같다.

지천명의 내 삶을 돌아본다. 당연한 것으로만 여기던 보고 듣고 말할 수 있음이 감사하다. 반면에 들려오는 소리에 감정을 보태 거침없는 독설로 얼마나 많은 사람들의 마음을 아프게 했던가. 때늦은 후회를 하며 삼사일언三思一言의 의미를 되짚어본다.

편견을 가지고 보면 그 아이들은 그늘에서 자라는 꽃이라 여기겠지만 그들은 세상을 향해 활짝 피어나는 향기롭고 아름다운 꽃이었다.

늙은 감자와 인생

그리움이 갈 길을 보챈다. 그런 마음을 알기라도 하는지 차는 미끄러지듯 잘도 달린다. 어느덧 산자락 아래 자리한 저수지가 보인다. 잔잔한 수면에는 청둥오리의 유영이 한가롭고 바람은 자잘한 물결을 만들어 낸다.

가슴에 묻은 하얀 손

5월에 취해 한적한 산길을 걷는다.

길은 지난밤 내린 비로 인해 연녹색 향연을 벌이고 있다. 짝짓기를 위해 한껏 몸단장한 새들의 노래가 고즈넉한 산속에 울려 퍼지고 그 길에 함박꽃이 피어 있다. 소박하고 정갈해서 내가 좋아하는 꽃. 가까이 다가서서 한동안 바라보자니 먼발치서 봐도 얼굴이 달아오르던 그녀가 반기는 것 같았다.

첫 직장에서 만났던 그녀는 늘씬한 키, 찰랑거리는 생머리에 쭉 뻗은 각선미는 가히 일품이었다. 유독 반짝거리는 까만 두 눈은 지금도 잊을 수가 없다. 한눈에 봐도 워낙 빼어난 미모였기에 직장 내 남성들의 관심과 사랑을 한 몸에 받았다.

한데 그녀에게 변고가 생겼다. 회사 추천으로 미스코리아 충북선발대회에 뽑혔는데 밤샘 일을 하다 사고를 당한 것이다. 처녀의 몸으로 받아들이기 어려운 큰 사고였다.

"악-." 하며 내뱉은 외마디 소리와 함께 꿈은 산산조각이 났다. 손목까지 기계 안으로 빨려 들어간 그녀는 하얗게 질린 얼굴로 입술을 깨물고 고통을 참고 있었다. 동료들이 달려왔지만 발만 구를 뿐 손을 꺼낼 수가 없었다. 급보를 받은 노련한 기사들이 와서야 손을 꺼냈지만 차마 눈뜨고 바라볼 수가 없었다.

사람들은 그녀의 아픔에 동참을 했다. 고통과 체념으로 눈물범벅이 된 그녀, 고개를 돌린 채 걱정스럽게 바라보는 동료의 눈, 기구를 건네주며 눈물짓던 간호사, 소독약을 부으며 손상된 피부를 가위로 잘라내며 위로하는 의사, 모두 그녀의 회복을 기원했다.

한동안 찢겨진 피부와 살점을 떼어 내고 촬영한 X-ray사진은 처참하다 못해 암담했다. 일곱 시간에 걸쳐 수술을 집도한 의사는 성형수술을 몇 차례 하면 형상은 어느 정도 갖춰 놓지만, 정상적인 손놀림은 어렵다고 했다. 폐가廢家에 무질서하게 쳐 놓은 거미줄같이 부러진 바늘이 하얗게 박혀 빼내는 데만 4시간이나 걸렸다니 오죽하랴.

몇 차례에 걸쳐 수술을 받은 그녀의 왼손은 여름을 빼곤 다시 보기가 어려웠다. 시리고 저려 하얀 장갑을 끼고도 늘 오른쪽 가슴속에 묻고 다녔다. 회사는 지극히 당연한 치료비와 결혼 전까지 근무를 허용한다는 제안뿐이었다. 얼마나 열악한 근무환경인가. 모든 걸 한순간에 잃어버린 그녀는 가슴을 쥐어뜯으며 울 수밖에 없었다.

가여웠다. 부지런하고 착했다. 우수에 찬 까만 눈이 예쁜 그녀였다. 가난은 죄가 아니라고 말들 하지만 그때 내가 본 가난은 분명 죄였다. 앳된 소녀로 회사에 들어와 상상조차 하기 싫은 왼손을 잃어버린 그녀. 해맑은 미소로 힘겨워하던 사람들에게 위안과 힘을 주던 그였지만 사고 후에는 마치 날개 잃은 천사였다.

오랜 세월이 흘렀어도 풀리지 않는 궁금증이 있다. 그 많은 남성들 중에 그녀는 왜 숫기가 없어 샌님이라 불리던 나를 가슴에 담았을까. 좋아하는 줄도 미처 몰랐던 숙맥인 나를.

휴가를 마치고 원주로 복귀하는 나를 따라가려고 터미널에서 서성거렸던 그녀를 우연히 행선지가 같은 걸로 받아들인 바보였으니 그 속이 얼마나 답답했을까. 버스 맨 뒷좌석에 앉아 처음으로 잡은 손 위에 누가 볼세라 모자를 올려놓았다. 다친 손은 얼음처럼 차가웠다. 어설프게 손은 잡았지만 그녀가 듣고 싶었던 말은 하지도 않고 세 시간이 넘도록 바보처럼 괜한 말만 늘어놓았다.

서너 달이 지나자 그녀는 결혼한다는 편지를 보냈다. 기다려야 하나, 다른 사람을 선택해야 하나를 두고 고민하다가 더 이상 기다릴 수 없어 떠난다는 통보였다.

지난날을 곰곰이 생각해본다. 하나를 얻으면 반드시 하나를 잃게 되는 세상이치다. 진정 그녀가 나를 좋아하는 줄 몰라서일까. 아니면 가난을 벗기 위해 치열하게 살아야하는데 그녀와 함께하는 삶이 자신이 없었을까. 그녀가 좋아하는 걸 처음에는 정말 몰랐다. 나중에야 알았지만 그녀를 향한 내 마음이 뜨겁게 달아오르지 않아 그랬다.

찾으려하면 금방 찾을 듯한 그녀, 미안한 마음에 한 번 보고 싶지만 가슴에 꼭꼭 묻어 두련다. 다쳐서 아프고 시린 손을 아껴주고 따뜻한 왼손이 되어주는 사람과 행복하게 살고 있을 것이라 믿기 때문이다.

함박꽃처럼 맑은 미소를 머금은 채.

첫인사

참으로 묘한 기분이다. 큰아이가 여자친구를 데리고 온단다. 걱정거리가 하나 줄어드니 당연 좋아야 하는데 뒤통수를 맞은 것 같다. 집안어른들이 "장가는 언제 갈래." 하는 소리가 듣기 싫어 명절도 건너뛰던 아들이다. 몇 해 동안 객지에서 직장생활을 했지만 저축은커녕 오히려 전세방을 얻겠다며 부끄러운 손을 내밀기도 했었다. 아들의 말도 일리는 있다. 결혼을 하려면 그 비싼 수도권에서 살림집도 마련해야 하고 이어질 육아비용과 교육비를 걱정하며 서른대여섯은 돼야 결혼을 하겠다고 했다.

주위를 둘러보면 혼기가 늦어져 애태우는 부모들이 많다. 본인들이야 즐기며 살겠지만 마음 편할 날 없는 부모다. 동창들을 봐도 딸을 둔 친구들은 그럭저럭 결혼을 시켰는데 아들을 둔 친구들은 애만 태운다.

우리 세대는 지지리 복도 없어 배곯고 자라 마지막으로 부모를 모셨다. 자식양육과 교육으로 허리가 휘었고, 노후에 자식들로부터 외면당해 늘어나는 수명만큼이나 불안한 세대다.

처음으로 장인 장모께 인사를 드리던 때가 떠오른다. 참으로 철없던 시절이었다. 무슨 생각이었는지 찾아가 뵐 생각은 못했다. 객지에서 직장 생활하는 큰딸이 남자는 사귄다고 하지 뭔 일이라도 일어난 게 아닌가 싶어 어른들이 나를 만나러 조치원으로 오셨다. 그때는 어른들을 뵙는 것이 두려웠다. 역까지는 갔지만 나설 수가 없어 전봇대 뒤에 숨어 어른들을 훔쳐봤었다.

작은 아파트는 마련했지만 상견례를 하면 날짜를 잡아야하는데 결혼비용이 없어 막막했다. 이럴 때 아버지가 계시면 좋겠다는 생각을 처음으로 해봤었다.

예나 지금이나 혼사를 염두에 두고 인사를 나누는 것은 부담스러운 일이다. 부모는 자식의 운명이 걸린 문제라 첫인상과 성격이며 성장과정을 꼼꼼하게 뜯어보고 말도 시켜보며 탐색을 한다. 아무리 분위기 있는 곳이라 해도 강심장이 아니면 차려놓은 산해진미는 그림의 떡일 뿐이다.

휴대폰에 저장된 사진도 한사코 보여주지 않던 아들은 여자애가 못 생겼다고 연막을 친다. 사는 데 잘생기고 못생긴 게 무슨 상관있냐며 마음만 잘 쓰면 된다고 했다. 마음도 착하고 예쁘기도 하면 좋겠지만 고루 갖춘 사람이 얼마나 될까.

날짜가 다가오자 왜 내가 더 긴장하는지 모르겠다. 새벽부터 일어나 부산을 떤다. 거실이며 주방에 이어 온 방을 돌아다니며 청소기로 밀어댄다.

"왜 갑자기 안 하던 짓을 해요, 이따 할 테니 놔둬요." 시끄러워서 그런지 예비 며느리에게 잘 보이려는 내가 밉살 맞은지 아내의 볼멘소리가 진공청소기 소리보다 크게 들린다.

"이 청소기 성능 좋네, 아주 잘 샀어." 동문서답이다. 해묵은 먼지가 잔뜩 쌓인 베란다로 피신했다. 화분에는 전혀 관심이 없었던 아내가 작년에 사들인 화분이 반은 죽었다. 물을 안 줘서 죽이고, 너무 줘서 죽였다. 인사를 온 아이가 거실에 앉으면 낯선 환경에서 시선을 보낼 곳은 베란다인데 화분정돈과 청소가 필요하다는 판단에서였다. 그곳에서 씨름한 시간이 얼추 반나절이다.

가게로 온다는 것을 말렸다. 결혼하고 봐도 실컷 볼 것을 미리 부담주기 싫었다. 주말이라 차로 두세 시간 내려오면서도 마음이 편치 않았을 아이들을 생각해본다. 시대가 바뀌고 변했다 해도 자리가 자리인 만큼 바짝 긴장하고 있을 것이다. 일단은 편안하게 해줘야겠다. 예전처럼 부모가 간섭하는 시대가 아니니 둘이 좋다는데 어쩔 건가.

아들 얘기를 들어보면 같은 직장의 사내커플이라는 점과 그 아이의 부모가 우리 내외랑 동갑이라는 사실은 마음에 든다. 사돈지간도 나이 차가 많으면 서로 대하기가 어려운 법이다. 사는 정도도 엇비

슷하니 더 이상 무얼 바라겠는가.

들리는 말에 의하면 아버지의 입장에서 볼 때 아들이 여자를 데려오면 +50점이요, 딸이 남자를 데려오면 -50점이라고 한다. 새 가족이 될 수 있는 아들이 데려오는 여자애는 합격점인 반면, 딸이 데려오는 남자친구는 못마땅해 한단다. 바탕에는 애지중지 키워 온 딸을 데려 간다는 서운함이 깔려 있기 때문이다.

한데 나는 오늘 왜 이리 웃음이 나오는 걸까? 며느리 사랑은 시아버지여서일까.

선택

불규칙한 숨소리가 금방이라도 멎을 것 같다.

다급한 목소리와 발소리가 뒤엉키는 응급실. 애끓는 가족들의 눈길은 의사의 행동 하나하나에 신경이 곤두선다. 모니터에 나타난 생경한 영상을 가리키며 주치의는 열심히 설명을 한다. 팽팽한 긴장의 시간이 흐른다.

숨 막히는 응급실 분위기에 정신을 차리기도 어려운데 대뇌출혈이라 지체할 시간이 없단다. 시간이 곧 생명이라며 빠른 선택을 강요한다. 선택이란 얻기 위함보다는 포기를 하는 것이라 한다. 뭘 포기해야 한단 말인가. 선뜻 택하기 어려운 생명을 다루는 일이다. 난감하기 짝이 없다. 어느 쪽을 택해도 위험하기는 마찬가지인데 어쩔 수 없이 선택해야 하는 두 개의 길은 멀고도 험할 것 같다.

두개골을 절개하거나 대퇴부 동맥을 이용해 수술하는 방법이 있지만, 자칫하면 수술 중 사망할 수도 있다던 주치의 얼굴이 저승사자로 보인다. 위험부담이 많다는 의미로 강조하는 말이겠지만 듣는 속내는 여간 불편하지 않았다.

기로에서 고민하지 않을 수 없다. 이쪽을 선택해도 후회, 저쪽을 택해도 후회할 것만 같다. 방정맞은 생각이 자꾸만 머리를 어지럽힌다. 선택을 해야 할 숙명의 시간은 올무에 걸린 동물의 목줄을 조이듯 조여 온다.

두개골을 열면 눈으로 보며 수술한다는 이점에 응고된 혈액을 일부 제거할 수 있다지만, 수술로 인해 뇌압이 올라가 뇌경색이 올 수 있다고 했다. 또한 내시경으로 대퇴부동맥을 따라 부풀어난 뇌동맥을 막는 수술법 역시 위험하다고 했다.

아무리 의학기술이 발달하고 의료설비가 첨단화되었다 해도 대퇴부 혈관에서 뇌혈관까지 수십 번에 걸쳐 혈관을 막을 고형물을 옮긴다는 건 쉽지 않을 것이라는 판단을 했다. 눈으로 직접 들여다보며 풍선처럼 부푼 혈관을 잡아매는 수술방법을 택했다.

갑작스레 쓰러진 환자는 썩은 고주박처럼 의식도 없이 가쁜 숨만 몰아쉰다. 이를 바라보는 가족들의 조급증은 이성을 잃기 십상이었다. 조금 전만 해도 여든여섯에 작고하신 고모님 빈소에 조문하고 담소를 하다 의식불명의 위급한 환자가 됐으니 이 얼마나 황망한가.

쓰러지기엔 너무 젊은 마흔일곱, 늦게 결혼해 큰딸애가 중학교 1학년이요, 두 딸은 초등학생이다. 한창 일해야 할 나이인데 가쁜 숨을 몰아쉬는 모습을 보자니 기가 막히고 눈앞이 캄캄했다.

수술준비로 삭발을 하는 간호사는 사정없이 기계를 들이댄다. 아프다는 몸짓조차 못하는 환자의 머리는 간호사 손길에 따라 하얀 속살이 드러나고, 군데군데 생채기 난 머리는 선홍색의 눈물을 흘린다. 그런 광경을 바라보는 눈길에 타들어가는 가슴은 더 이상 가슴이 아니다.

힘없이 툭툭 떨어지는 긴 머리카락을 통해 무너져가는 가련한 그의 인생이 보인다. 인연 따라왔다 인연 따라가는 게 우리네 인생이라지만 다시 한 번 인생무상을 통감한다. 이렇게 살다 가려고 발버둥 치며 살았던가. 산다는 게 다 무엇인가. 여태껏 좀 더 잘해주지 못한 후회만이 남는다.

6시간에 걸친 성공적인 수술에 빠른 회복을 보이던 그는 의사로부터 치명적인 선고를 들어야 했다. 좌 뇌세포의 괴사로 오른쪽 시력을 완전히 잃었다고 했다.

완치가 되면 직장에 복직을 해야 했다. 그만큼 삶이 녹록지 않은 사람이다. 수술 전에는 시력이 나쁜 왼쪽 눈은 보조요, 비교적 잘 보이는 오른쪽 눈으로 일을 했는데 그마저 보이지 않게 되었다니 절망이다.

인간의 욕심은 끝이 없다더니 내가 그랬다. 뇌수술 후 잔뜩 부어서 뇌압이 위험수위까지 올라갔을 땐 제발 살아만 달라고 했고, 점차 부기가 빠지고 의식이 돌아오자 집에서 식사나 챙겨먹고 화장실

출입만 해도 좋겠다고 했다. 그랬던 욕심은 어느 정도 회복이 되자 더욱 발전해서 기억력도 돌아오고 몸도 예전과 같이 회복되어 직장에 복직했으면 하고 원했다.

우리는 일상 중 하루에도 수십 번, 많게는 수백 번의 선택을 해야만 한다. 그런 선택의 순간이 매우 짧고 때로는 긴박하기 때문에 선택의 기로에서 망설이게 되고, 어느 쪽을 선택한다 해도 후회를 하기 마련이다. 그냥 묻혀 지나가는 작은 선택의 미스가 있는가 하면 되돌릴 수없는 잘못된 선택이 있을 수도 있다.

전화벨이 울린다. 쓰러졌던 처남의 전화다.

"매형 저 종석입니다." 출근길에 매형 생각이 나 전화를 했단다. 쓰러진 지 1년만이다.

그날의 선택이 옳았나 보다.

작가의 고향

성격형성은 물려받은 유전자와 태교, 자라는 환경과 교육의 영향을 받는다. 자연재해가 적고 먹을거리가 풍요하면 성격이 온순하고 낙천적이다. 반면 환경이 열악하면 생활력은 강하고 적극적이나 정서적 결핍을 가져온다. 대부분의 사람이 그럴진대, 글 쓰는 작가에게 고향은 무한히 펼쳐진 소재의 보고요, 한껏 우려내고 퍼내는 창작의 심정心井이기도 하다.

작품을 보면 유년의 꿈을 키우고 영글게 하던 작가의 고향을 끝없이 맴돌게 한다. 고백의 문학이라고도 하는 수필문학을 몇 년간 함께하다 보니 구절양장九折羊腸으로 살아온 인생역정歷程으로 함께 울기도 했고, 때론 가슴을 저미는 아픔에 할 말을 잊기도 했다. 살면서 겪고 체험한 것들에 작가의 철학을 가미시켜 진솔한 글로 들려주는 수필은 서로를 이해하고 껴안는 계기가 된다.

핑계야 옻나무 순을 따러간다고 나섰지만 내심 그리워했던 곳이요, 궁금했던 작가의 고향을 보려는 나들이였다. 한 시간여를 달려 찾아간 살미면 설운리는 상상만큼의 두메산골은 아니었다. 찻길이 나 있는 남서쪽을 빼고는 산으로 둘러싼 아담한 마을이었다.

호가 일곡日谷인 그를 사람들은 자상하고 따뜻한 분이라 한다. 그런 작가의 고향은 작품을 통해 상상해오던 터라 실제와 얼마나 일치되나 궁금했었다. 그의 작품에서 햇골은 가장 먼저 해가 떠오르는 골짜기 말고도 많은 사연이 녹아있는 듯 느껴졌다.

풀숲에 걸려 넘어질세라 길가의 풀을 베고, 나뭇가지를 치며 장맛비에 파여 나간 길을 흙으로 메우셨던 작가의 아버지, 밤늦은 자식의 귀갓길을 염려해 당신의 피땀에 사랑을 반죽해 만든 길이 부은도父恩道다. 〈父恩道〉를 읽노라면 산 고개 굽이도는 비탈길이 눈에 선했고, 어린 나이에 어머니를 잃은 그가 울긋불긋 꾸며진 상여를 보고 "우리 엄마 상여 곱다."라고 한 부분에서는 마치 내 일인 양 가슴을 쓸어내리며 눈시울을 붉히기도 했었다.

아버지의 입장에서 보면 그런 자식이 얼마나 안쓰럽고 가여웠을까. 작품 〈아버지의 기도〉에 "6 · 25전쟁으로 형님이 전사하고, 형수님은 유일한 피붙이 조카도 잃었다."라고 적었다. 그런 부친께서 올리는 기도는 "천지신명이시여! 이제 다 데려가시고 자식 하나 남았습니다. 어미 없이 키운 불쌍한 이 자식 용서하시고 굽어 살피시어 가문을 잇도록 보살펴 주십시오, 살려주십시오." 이보다 더 간절한 기도가 어디 있을까? 하나 남은 자식에게 당신의 모든 걸 바칠 양으로 올리던 간절한 기원이 자식사랑으로 승화된 것 같다.

이렇듯 넘치는 사랑을 주셨던 작가의 부친이 계신가 하면, 우리 아버지는 첫돌이 갓 지난 나와 가족을 두고 떠났다. 나름의 사정이야 있었겠지만 그런 아버지가 미워서 입에 올리지도 않고 살아온 세월이 반세기다. 아버지를 선뜻 가슴에 품지 못해 끙끙대며 매달리느라 마무리하지 못한 작품이 있다. 마음이 열려야 하는데 오그라들어 펴지질 않는다. 글을 쓰기 위해 받아들이는 척할 수는 없지 않은가.

부친께서 작가의 교직발령기념으로 마당에 심으셨다는 50년 된 향나무, 애절한 가족사를 간직한 옛집, 뛰어놀던 들이며 뒷동산, 동네 앞을 흐르는 실개천조차도 작품을 통해 상상했던 것과 흡사했다.

안쓰러움에 자식사랑이 넘쳤던 부친의 유택을 효심 깊은 작가는 어떻게 해 놓았는지도 보고 싶고 참배도 하고 싶었다. 살던 집을 바로 내려다보는 부친의 묘소는 흔한 잡초 하나 보이지 않을 만큼 깔끔하게 손질돼 있었다. 봉분의 우측으로 비켜선 비문 4면에는 가족사가 빼곡히 적혀 있다. 이것만 읽어도 애달픈 사연을 모두 들여다볼 수 있었다. 절로 고개가 숙여진다.

작가에게 고향의 의미는 살아온 인생길을 되돌아보기 위한 거울이요, 지울 수 없는 아름다웠던 추억을 회상하고, 시리고 아팠던 흔적들을 곱씹기 위함이 아니던가. 아련한 추억 속에서 이미 떠나간

이들을 떠올려보고, 점점 변해가는 고향모습을 안타까워하며, 아주 오래전 땀 흘려 씨 뿌려 가꿔놓은 작가의 심전心田에서 창작의 도구로 수확한 알곡을 문학이라는 곳간에 갈무리함일 것 같다.

별난 장애

장애라는데 표시가 나거나 고통을 느끼지는 못합니다. 불편하지도 않습니다. 본인은 괜찮은데 상대방은 못마땅해 하고 오해도 하며 때론 거만하다는 소리도 합니다. 중증이라도 본인은 정작 필요성을 느끼질 못하니 치료가 어렵습니다.

가게로 손님이 들어섰습니다. 필요한 것들을 주문합니다. 고객카드에 참고자료를 열심히 받아 적습니다. "성함은요." 하고 물었습니다. "아이고, 사장님은 이 달에 세 번째 오는 사람도 몰라보네. 심하시다."라는 고객의 대답에 갑자기 한심한 사람이 되었습니다. 이런 일은 빈번했습니다. 내가 봐도 정말 심한 건 바로 옆 가게에 여주인을 못 알아 본 적도 있었습니다. 그분이 "저것 봐. 사장님, 나도 몰라보네." 그 말을 하며 깔깔대고 웃었습니다. 곰곰이 생각해봤습니다. 무엇이 문제인가를.

원체 유년시절부터 성년이 되기까지 유난히 숫기가 없었습니다. 고개를 반듯하게 쳐들고 사물을 바라본다는 것은 국기에 대한 경례를 할 때와 선생님 말씀을 들을 때로 기억됩니다. 대부분 고개를 숙이고 다녔고 그래서인지 돌부리를 걷어차서 넘어진 일은 별로 없었습니다. 워낙 늦둥이인데다 홀로 자라서 그런지 여자를 보면 겸연쩍어 정면으로 쳐다볼 용기가 나질 않았습니다. 누구와 싸울 일도 없었습니다. 눈치가 빠를 필요도 없었고 약삭빠르게 행동할 필요성은 더더욱 없었습니다. 학창시절 맞은 적은 있지만 누굴 때려 본 적은 없었습니다.

직장생활은 30년 가까이 했습니다. 그때는 손으로 뼈대를 만들고 살을 붙이며 두뇌기능을 넣어 의도하는 대로 일하는 기계를 만드느라 종일 붙어 있었습니다. 그러다 보니 사람 얼굴을 기억할 필요는 없었습니다.

지금은 많은 손님을 직접 마주 대하는 일이라 고객의 얼굴을 기억하고 반갑게 맞아야하는데 주문을 할 때마다 번번이 이름과 전화번호를 물으니 손님 입장에서는 한심한 사람으로 볼 수밖에요. 남자 손님은 어느 정도 기억을 합니다. 다만 여자를 못 알아본 다는 게 큰 문제이지요.

8년째 정말로 반갑게 인사를 하고 지나가는 중년의 여인, 남편과 자식들까지 인사를 시켰지만 안타깝게도 저는 그녀를 알 길이 없습니다. 누구냐고 물어보기에는 긴 세월이 흘렀습니다. 미안한 마음뿐이지만 이제 와 누구냐고 물어 볼 순 없습니다. 다만 직장동료였을거라 가늠할 뿐입니다.

아내도 그런 부분에 많은 걱정을 합니다. "당신 그러다 나도 못 알아보는 거 아녜요?" 그럴지도 모른다는 생각을 해봤습니다. 나이가 들면서 발생하는 질병인지, 뇌에서 인식을 못 하는 건지, 인지는 했는데 곧바로 잃어버리는 초기치매 현상은 아닌지 덜컥 겁이 납니다. 치매와 중풍은 정말 걸리고 싶지 않은 병입니다. 치매환자를 간병한 적은 없지만 중풍으로 고생하는 환자는 이십여 년간을 지켜봤기에 피하고 싶은 질병입니다.

큰마음 먹고 병원을 찾았습니다. 그 많은 병원 중 환자가 하고 싶은 말 다 하도록 놔두고 들어주는 곳도 이곳뿐이라는 생각이 들었습니다. 꾹 누르고 있었던 말들이 줄줄이 이어졌습니다. 짧은 시계바늘이 거의 한 칸을 옮겨갔습니다. 이런저런 말을 하면서 의사 얼굴을 보니 눈꺼풀이 서로 한동안 맞닿아 있는것 같았습니다. 식곤증이겠지요. 혹시라도 미안해할까 봐 "저 화장실 좀 다녀 올게요."라고 했더니 흐트러진 자세를 고쳐 잡으며 다녀오라고 했습니다. 화장실에서 혼자 낄낄 웃었습니다. 웃는 모습이 거울에 비칩니다. 그걸 보니 더 웃깁니다.

졸면서도 차트 한 장을 다 채우신 의사선생님, 휘갈겨 쓴 영어라 보여줘도 무슨 내용인지 모릅니다. 혹, '이 바보야, 내가 네 말을 다 들은 것 같으냐.'라고만 안 썼다면 다행입니다.

병명과 처방을 내립니다. "당신의 병명은 안면인식 장애이며 본인의 노력 여하에 따라 쉽게 치료가 될 수도 있고 불치병이 될 수도 있어요."

쭉 이어지는 말은 더 들을 필요가 없다는 생각이 들어 딴청을 부렸습니다. 본인은 별로 불편하지 않다는 말만 귀에 쏙 들어와 착 달라붙습니다.

등단한 문학단체에서도 연중 두 번의 행사를 합니다. 확신이 들지 않으면 오해를 받을까 봐 인사를 안 합니다. 때론 멀뚱거리며 바라봅니다. 아직도 여자를 빤히 쳐다보는 일은 그리 쉽지 않습니다. 상대가 인사를 하려고 하면 얼른 받아서 합니다. 하지만 눈치 빠른 분들에겐 영락없이 들키고 맙니다.

의사의 말이 귀에서 뱅뱅 돕니다.

"꼭 필요하면 인지하고 익히지만 그렇지 않기에 기억하지 않는 것이라고."

자신이 필요한 사람은 잊지 않는다라는 말과 멀쩡해 보이지만 아프지 않은 사람은 하나도 없다는 말에 위안을 삼습니다.

저, 장애인 맞습니다.

다시 피는 꽃

질주하는 구급차 소리가 요란하다. 불안하다. 차가 되돌아나간 아파트는 겉으론 금세 평온을 찾은 듯하지만 모여든 주민들의 수군거림이 예사롭질 않다. 한 달 사이 기껏해야 백 미터 거리의 아파트 두 곳에서 던져버린 목숨들이다.

흔히들 인생을 타고난 운명대로 살다가는 것이라지만, 모두 그런 것은 아니다. 평생을 남을 위한 봉사의 삶을 사는 분도 있고, 자신의 희생으로 남을 구하는 의인이 있는가 하면, 마치 생명을 함부로 해도 될 전유물이라 여기는 사람이 늘어난다. 저마다 사연이야 있겠지만 안쓰럽다.

십여 년 전이다. 새벽부터 갑작스레 쏟아진 엄청난 물폭탄은 야영 중인 수많은 피서객들의 생명을 위협했다. 119구조대원들이 출동한 산청의 덕천강에는 불어난 강물에 떠내려가던 승용차가 전복

된 채로 발견되었다. 승객의 생존여부를 가늠할 수 없었다. 워낙 물살이 거센데다 불어난 강폭으로 로프를 걸 수도 없었다.

위험에 처한 사람을 구하는 게 119대원이다. 하지만 그들도 구조대원 이전에 한 인간이기에 죽음을 감수하고 위험한 물속으로 뛰어든다는 것이 쉽지 않을 것이다. 그 순간 자동차를 향해 물로 뛰어든 사람이 있었다. 구조대장이다.

급류에서는 물이 무릎까지만 차도 균형을 잡기가 보통 어려운 게 아니다. 로프에 몸이 연결되긴 했지만 고무튜브에 의지한 채 거센 물살을 헤치며 차를 향해 다가서는 구조는 매우 위험한 시도였다. 꼭 구하고 말겠다는 투철한 사명감 없이는 불가능했다. 깊이를 가늠할 수도 없이 불어난 황톳물은 당장이라도 집어삼킬 듯 넘실거렸다. 찰나였다. 지켜보는 사람들의 가슴도 타들어 갈 무렵 한발 한발 목숨을 걸고 자동차에 접근하던 구조대장이 물살에 휩쓸렸다. 모두들 발을 구르며 안타까워했지만 되돌릴 수 없었다. 다른 대원들의 필사적인 노력으로 가까스로 구조는 됐지만 자신의 의지대로는 아무것도 할 수 없는 식물인간이 되고 말았다.

두 아이의 아빠이자 단란했던 한 가족의 가장이었던 이래원李來遠 대장. 이 이야기는 병원24시 프로그램으로 방영되었다. 가족들의 동의가 있었지만, 평소의 원대로 마지막 가는 길에서도 죽음의 문턱에서 절망하던 사람들에게 생명을 이어갈 장기와 암흑세계에 머물던 이들에게 밝은 세상을 볼 안구를 기증했다. 가족의 곁을 영원히 떠날 때가 삼십대 중반이었다. 비록 돌아올 수 없는 길을 떠났지만 지금도 우리 가슴에 생생하게 살아있다. 피 끓는 삼십대의 의인으로.

사실 말이야 쉬울지 모르지만 자신의 목숨을 버려 남을 구한다는 게 얼마나 어려운 일인가. 내가 그 위치에 있었다면 과연 거센 물살에 뛰어들 수 있었을까. 미적거리며 차에 사람이 없을 거라는 막연한 기대를 걸고 눈치만 살폈을 것이 분명하다.

세상은 넓은듯하지만 참으로 좁았다. 나중에 안 일이지만 그 무렵 구조대장의 누님은 평생배움터에서 나와 함께하고 있었다. 하늘과 땅의 뜻을 안다는 지명인데도 어떻게 사는 게 잘사는 인생인가에 대해 생각이 깊어진다. 사노라면 알게 모르게 남을 아프게 하는 경우가 많다. 봉사나 희생은 고사하더라도 남에게 해를 끼치지는 말아야겠다는 생각이다.

"잘산 인생이란 가장 가까운 사람에게 존경받는 삶이다."라고 한다. 곰곰이 돌아보니 남에게는 살갑게 대하고 인정받으려 노력도 해왔지만 정작 가족에게는 독선적인 남편이요, 무서운 아버지로 인식돼 있는 것 같다.

타인의 생명을 구하려고 피 끓는 나이에 목숨을 던진 119구조대장의 숭고한 희생과 평생 참된 성직자의 본을 보여주고 마지막길에서도 장기를 기증하신 김수환 추기경님은 우리에게 많은 교훈을 남기셨다.

이승을 떠날 때 낡은 옷처럼 훌훌 벗어 던진 육신이지만 그분들이 남기고 간 각막은 아름다운 세상을 바라볼 것이며 또 다른 장기는 새 삶을 얻은 사람들 몸속에서 살아있을 것이다.

각박해져가는 세상, 나를 버려 남을 구하는 그분들의 맑은 영혼이 늘 곁에 머무를 성싶어 영원한 이별은 가슴 아파하면서도 그리워하게 된다.

임들은 가셨지만, 어쩌면 그들은 세상을 향해 다시 피는 향기로운 꽃이 아닐까.

어머니와 할미꽃

따스한 햇살이 쏟아진다. 꽃샘추위를 이겨낸 단풍나무가 겨울을 벗어 던진다. 올망졸망 돋아나는 새순을 들여다본다. 봄은 정녕 그리움의 계절인가. 바빠진 마음으로 전화를 착신으로 바꾼다. 가게 문에는 손잡이에 달랑 메모지가 매달린 채 지나는 사람들을 바라본다.

'배달 갑니다.'

그리움이 갈 길을 보챈다. 그런 마음을 알기라도 하는지 차는 미끄러지듯 잘도 달린다. 어느덧 산자락 아래 자리한 저수지가 보인다. 잔잔한 수면에는 청둥오리의 유영이 한가롭고 바람은 자잘한 물결을 만들어 낸다. 조붓한 밭둑을 걷다보니 졸가리만 앙상한 고추밭에는 냉이며 지칭개가 돋아있다. 좁은 가게에서 손님들이랑 실랑이를 벌이는 동안 봄은 깊숙이 들어와 있었다.

산소에 올라서자 달포 전에 꽂아둔 조화가 화사하다. 금방이라도 어머니가 반가이 맞아주실 것만 같다. 이곳에 오면 마음이 편안하다. 그래서인지 어떤 고민거리도 녹아버리곤 한다. 인생의 절반을 가장으로 살아오신 어머니. 고달팠던 삶은 순전한 당신의 몫이라며 입버릇처럼 자식한테 짐 되지 않게 죽었으면 좋겠다던 말씀을 하셨다. 염원이 통하셨는지 병석에 눕지도 않으시고 서둘러 떠나셨다. 그때는 애통하고 안타까웠지만 이제는 내가 갈망하는 별리의 길이 되고 말았다.

10여 년 전, 내게는 감당하기 어려운 시련이 닥쳐왔다. 홀로 끙끙대며 애태우다 산소를 찾았다. 성묘를 하고 아무래도 회사를 그만둬야 할 것 같다는 말씀을 드렸다. 어머니는 너무 상심 말라시며, 엎드려있는 내 등을 다독여 주시는 듯했다. 누구에게도 꺼내지 못한 말을 하고 나니 한결 마음이 가벼웠다. 음복을 하고 산소를 둘러보니 봉분 위에는 이미 꽃잎이 진 할미꽃 한 송이가 하얀 머리를 바람에 날리고 있었다. 아무 곳에나 옮겨가 잘 자라는 할미꽃이 아닌데 어찌 이렇게 자랄 수 있을까. 더군다나 봉분 한 가운데라는 게 신기하기만 했다.

아! 그렇다면, 살랑거리며 나부끼는 그것은 분명 어머니의 하얀 머리카락이었다. 생전에 빗으로 반듯하게 가르마를 타면 거울에 비쳐진 오십 원짜리 동전만한 상흔을 한동안 들여다보시곤 했었다. 말벌에 쏘여 머리가 빠진 그곳을 치부로 여기시더니 이내 봉분 위에 할미꽃으로 피워내셨나 보다.

오래전 어머니로부터 들었지만 밭을 매다 말벌에 쏘이는 순간 하늘이 노랗고 정신은 혼미했단다. 하지만 마흔이 넘어 낳은 애비 없는 어린 나를 두고 죽을 수 없어 먼 거리를 구르고 기어서 왔다고 했다. 꼭 살아야겠다는 모성애 때문에 가능했을 것이다. 벌초 때면 벌에 쏘여 쇼크사를 했다는 뉴스를 본다. 생각할수록 아찔하다.

어머니가 겪은 육체적 정신적인 아픔을 무슨 수로 다 헤아리겠는가. 이런저런 상념 속에 하늘거리는 하얀 수술을 어머니의 머리카락인 양 매만져 보았었다. 마치 생전의 어머니를 대하는 듯 애잔함이 묻어났다. 그 일이 있고 나서는 벌초를 할 때면 아주 조심스럽게 했다. 흩날리는 백발을 보지 못하면 어쩌나 하는 조바심에서다.

짝을 찾는 멧비둘기의 소리가 구슬픈데 한줄기 봄바람이 싸하게 가슴을 헤집는다. 아직은 일러서인지 할미꽃은 해묵은 잎을 덮은 채 싹을 틔우진 않았다. 혹시나 하는 기우에서 자세히 들여다보니 작은 움이 보였다. 이제 곧 꽃이 피겠지, 꽃이 질 무렵 다시 찾으리라는 다짐을 한다.

여리지 않은 새순이 어디 있으며, 억세고 드센 새댁이 어디 있는가. 결혼한 여인의 품성은 남편하기 나름이다. 오랜 세월을 가장으로 살아온 어머니는 강해질 수밖에 없었지만 속은 여렸다. 정이 많았고 자식사랑은 유별나셨다. 그런 사랑을 받기만한 것이 한으로 남는다. 다른 사람에게는 남편 없이 자식들을 건사하는 평범한 촌부村婦였겠지만, 내게는 누구보다 존경하고 사랑하는 분이셨다. 그래서 어머니 봉분의 할미꽃 한 포기는 소중하고도 사랑스러운 꽃이다.

할미꽃을 통해 내 어머니를 본다.

화전민

비 갠 뒤 부모산에서 바라보는 시야가 확연하다. 손만 뻗으면 닿을 듯한 청주역이며 옥산, 오송, 오창이 한눈에 들어온다. 비록 고향은 아니지만 손바닥만 한 땅을 사려고 이리저리 뛰어다니던 기억이 새롭다. 많은 사람들이 나이에 숫자를 더할수록 땅을 그리워하고 내 소유의 땅이 없으면 불안해한다더니 나 역시 예외가 아니었다.

산을 내려오다 보니 길가의 묘 봉분이 없어졌다. 사람의 발길이 잦고 큰 나무가 많아 잡초조차도 드문드문 나던 그곳. 파묘를 해서 어찌 했을까 궁금해진다. 화장해서 납골당으로 안치했을까. 아니면 양지바른 곳으로 이장移葬을 했을지도 모를 일이다. 묘지의 까만 속살을 바라보니 억척스럽게 생을 살다간 친구 아버지가 떠오른다.

전란으로 곤궁했던 민초民草들이 산을 찾아든 것은 동족상잔의 총성이 멈춘 뒤였다. 아름드리 나무를 베고 불을 질러 밭을 일궜던 화전민. 지금의 시각으로 보면 비옥했던 산림을 훼손시켰다고 볼 수도 있지만, 생존의 본질인 먹을거리를 얻고 살아남기 위해 불가피한 선택이었을 것 같다. 그들은 눈만 뜨면 타다 남은 나무와 돌덩이를 손이 부르트고 껍질이 벗겨지도록 들어내며 밭을 만들었을 것이다.

화전민 1세대로 불리는 친구 아버지 형제가 자리를 잡은 곳은, 해발 700미터가 넘는 구룡산이다. 화전으로 일군 밭에는 강냉이와 콩을 심었다. 오랫동안 낙엽이 쌓여 만들어진 부엽토는 곡식이 잘 자랐다. 먼동이 트면 밭에 나가 일하고 어두워야 집으로 돌아왔다. 추수한 알곡은 일개미가 먹이를 물어 나르듯 수없이 등짐을 지고 장터를 오르내려야 했다. 가을걷이가 끝나고 겨울이 되면 매일 시오리가 넘는 주천장으로 장작을 져다 팔았다. 오죽하면 동네어른들이 "정 서방네 형제는 불갱변에 던져놔도 잘살 거야."라는 말씀을 하셨을까.

부지런하고 형제간의 우애가 돈독했던 그들은 모은 돈으로 동네 땅을 사들이기 시작했다. 1960년대 후반에 들어서자 정부는 화전민 강제 이주시책을 폈다. 산림녹화가 주된 이유였다. 선견지명으로 우리 동네에 삶의 터전을 마련해놓았던 그들은 이사를 하였다. 친구 아버지는 마을에 와서도 농토를 늘리고 사슴을 기르면서도 화전이 그리울 때면 찾아가 집터며, 한 길이 넘게 잡초로 우거진 묵정밭을 둘러보셨다.

어느 날, 사슴의 먹이로 칡넝쿨을 한 짐 걷어다 놓고 저녁상머리에서 큰아들인 친구에게 "야야, 난 아무래도 저 사슴 때문에 못 살겠다."라고 하셨단다. 연로하신데다 먹성 좋은 사슴 세 마리의 풀을 베어 나르는 것이 힘에 부치셨나 보다. 그날 밤, 칠순 아내의 무릎을 베고 TV를 보다 "나 졸려서 잘게."라며 눈을 감은 뒤 이내 깨어나질 못했다. 친구인 아들은 마지막으로 남기셨던 '저 사슴 때문에 못 살겠다.'라고 한 마지막 말씀이 대못이 되었다고 했다.

마을사람들이 묘를 쓸 요량으로 구룡산에 올라가 보니 이미 당신의 손으로 만든 아담한 가묘假墓가 있었다고 했다. 그곳이 당신으로선 가장 소중한 땅이었기에 뼈를 묻고 싶었나 보다.

화전에 오르는 길은 두 사람이 함께 걸어갈 수도 없는 가파르고 조붓한 산길이다. 상여는 엄두도 못 내고 임시 방편으로 만든 들것으로 앞뒤에서 메고 당기고 밀면서 고단하게 산을 올라갔다.

스님의 목탁소리에 맞춰 숨 가쁘게 오르던 가풀막진 산길. 운구하는 사람들은 발을 떼기도 힘겨워했다. 산으로 오르는 흔들리는 관 속에서도 당신은 마냥 행복해 하지 않았을까, 손수 만들고 가꾸던 소중한 터전에 편안히 쉴 수 있다는 꿈을 꾸면서.

누구보다 부지런하고 알뜰한 모습을 몸소 보여주던 친구 아버지를 보며 당신만의 파라다이스를 찾아 떠난 아버지가 야속했었다. 어떤 자식교육도 성실하고 화목하게 사는 모습을 부모들이 보여주는 것만 못하질 않은가. 그런 측면에서 화전민이었던 친구 아버지는 진정 존경받는 어른이셨다.

무엇보다 소중히 여기던 삶의 근원이었던 화전. 땅의 고마움을 누구보다도 감사하게 느끼던 화전민이 아니던가. 십여 년을 피눈물과 땀으로 일궈온 그곳은 바람소리 청청하고, 산새와 짐승들이 친구해주는 곳이다.

화전에 잠드신 친구 아버지의 영면을 기원한다.

갈등의 세월

겨우내 시린 가슴이었다. 툭 불거진 목련송이는 희망을 전하는데 닫혀버린 지갑의 봄날은 언제나 올까. 신문과 방송에서는 경기가 풀린다지만 공허하게만 들린다. 아마도 내 안에 자리한 겨울이 존재하기 때문이다.

절기상으로 보면 봄이련만 꽃샘추위가 매섭다. 눈발을 앞세운 칼바람이 가슴을 파고든다. 책상 위에 던져진 신용불량 예고통지서를 보니 더욱 을씨년스럽다.

여태 걸어온 길도 결코 수월치 않았다. 주저앉아 포기하고 싶었던 험난한 고개를 수없이 넘는 질곡의 삶이었다. 눈물 젖은 밥을 먹어왔고, 끼니를 건너뛰는 인고의 세월을 보낸 대가로 포실하게 살아온 게 불과 몇 해이던가. 그런 험한 길은 다시 가야 하나 보다. 주어진 운명이라면 어쩔 수없이 받아들여야겠지만 되돌아갈 길이 두렵기만 하다.

일을 해도 음악을 들어봐도 잠을 자려고 누워도 매한가지다. 종아리에 찰싹 달라붙어 피를 빨아 뱃구레를 채우려던 찰거머리 같은 번민이다. 나 혼자만의 일도 아니고 직원들의 생계도 달린 터라 당장 결론 낼 수 없는 갈등의 고리들이 마음만 흔들어 놓는다.

IMF를 맞아 전국에서 근로자들의 살생이 이어질 때 회사도 예외없이 힘없는 사원들의 목을 졸랐다. 말이 명예퇴직이지 대량 해고였다. 1997년 12월은 비참했다. 해고사원들에겐 더할 수 없는 혹독한 한파였다. 머릿수 줄이는 데 재미를 붙인 회사는 매출만 줄면 노동자를 보호하기는커녕 살생부를 적어주던 노동조합과 공모共謀해 사원을 줄여 나갔다. "사원을 가족처럼."은 허울뿐이었다.

위기가 찾아왔다. 기계를 만드는 부서라 회사로 보면 남자들만 있는데다 강성 조합원이 많아 눈엣가시로 보였다. 부서를 송두리째 없앨 생각을 했다. 그 무렵 장치산업을 하고 싶어 하던 그룹임원의 친구가 감언이설로 경영진을 현혹시켰다. 회사는 분사로 방침이서자 강제집행에 나섰다. 직원들이 속내를 알고 따라나서지 않으면 좋으련만 회사의 말을 믿었다.

새로운 환경과 악조건에 적응하는 과정에서 회사는 상식을 초월한 가격으로 우리 사주를 배정했다. 명분은 사원을 위한 배려라고 했지만 속이 빤히 보였다. 사주를 거부하면 그만둬야 하는데 따라나선 직원들을 생각해 어쩔 수 없이 응한 게 화근이었다. 돈 없는 직원들은 대출을 알선해주고 퇴사하면 대신 갚아 준다던 약속은 사탕발림이었다. 대출은 고스란히 개인 빚이 되었다.

신용불량자 예고통지서를 받고 보니 앞이 캄캄했다. 가난의 굴레를 벗어나려고 돌 지난 큰아이를 멀리 떨어진 처가에 맡기고 소리 없는 눈물로 지내온 몇 년의 세월이며 지난했던 옛일이 눈앞에 어른거렸다.

빼곡히 적힌 숫자를 들여다본다. 적은 돈도 아니지만 갚으려니 억울하다는 생각뿐이다. 설령 신용불량자가 된다 해도 저들이 갚을 때까지 버티려고 했다. 일 년치 연봉에 맞먹는 돈과 어렵게 쌓아올린 내 자신의 인격과 신용을 눈금 없는 저울에 달아본다. 어느 것도 쉽게 포기할 수 없으니 아프기만 했다.

잿빛 하늘을 바라보니 나를 슬프게 하는 얼굴들이 스쳐간다. 그들이 쏟아내던 영혼 없는 언어들과 조소가 허공에 흩어진다. 미워하고 원망하고 싶지는 않았다. 다만 나 같은 희생자를 더 이상 만들지 않았으면 하는 바람을 가져본다.

고개를 들어 햇볕이 따사로운 창밖을 바라본다. 쪽빛 하늘 흰 구름 사이로 어머니 모습이 어른거린다. 근심 어린 눈빛으로 못된 생각일랑 절대 하지 말라시듯 손사래를 치신다.

신용 불량자의 아내와 자식들을 만들 수는 없었다. 이제 흐트러진 마음들을 추스르며 번민을 털어 내려고 한다. 어느 쪽을 선택한다 해도 고통은 따르는 법, 길게 늘어질 아픔은 포기하고 단기간의 극한 고통을 택했다.

살아온 날도 길었지만 살아갈 세월이 더 길기 때문이다. 모든 것이 내가 지고 갈 업보이려니 생각해본다. 몇 달간 찰거머리처럼 달라붙어 괴롭히던 갈등을 털어내기로 마음을 굳혔다. 오늘밤, 클래식이 잔잔하게 흐르는 카페에서 미안함을 가득 담은 술잔을 아내에게 권하려 한다.

그래야만 내 마음에 봄이 올 것만 같다.

늙은 감자와 인생

봄비가 내린다.

내가 다녔던 회사도, 연관이 있는 것도 아닌데 수천 명이 북적대던 공장을 부수는 중장비소리에 씁쓸해진다. 세상 어느 것 하나도 영원한 것은 없다고 하지 않던가. 잘나가던 회사도 저런데 우리 인생도 같은 이치가 아닌가라는 생각을 한다.

갑자기 가게에 방치한 감자 생각이 났다. 때가 때인지라 뭔가 변화가 있을 거라는 예상을 하며 종이박스를 열어젖혔다. 아니나 다를까 감자들은 한 뼘이 넘는 보라색 싹으로 뒤엉겨 있었다. 어떤 감자는 가느다란 줄기에 새끼감자를 조롱조롱 매달고 있기도 했다.

한동안 새끼감자를 들여다보니 고만고만하게 달린 모습은 여지없이 우리 사남매의 모습이었다. 탯줄 같은 줄기에 새끼감자를 매달고, 깊게 팬 주름투성이의 늙은 감자는 어머니 같았다.

나이에 비해 유독 주름살이 많던 어머니. 다른 아이들에게 할머니로 불리는 어머니가 학교에 오는 게 정말 싫었다. 그 자글자글한 주름이 홀로 자식을 키우느라 생긴 인생의 흔적임을 알게 된 건 많은 시간이 흐른 뒤였다. 그래서인지 내 안에는 오직 어머니만 가득 차 있다. 그런 모자간도 연애를 하면서 변화가 생겼다. 이성을 알게 되면서 하루가 멀다고 늦은 밤까지 붙어있다 돌아오곤 했다.

자식사랑이 유난했던 어머니로선 얼마나 괘씸하고 서운하셨을까. 아이들의 머리가 커지고 속을 썩일 때 어머니 생각이 나는 걸 보면 아직도 철들긴 멀었나 보다.

곱고 탱탱하던 감자가 수분과 자양분을 새끼감자에게 모두 내주고 저런 몰골로 사그라짐도 자식을 위한 사랑이며, 희생이요 모성이라는 생각이 든다. 그럼에도 불구하고 자식 같은 싹이나 새끼감자는 눈물겨운 어미의 희생과 사랑을 제대로 알기나 할는지.

무조건적인 사랑은 부모가 자식에게만 주는 유일한 사랑이다. 어느 부모라도 아픈 자식을 살리는 길이라면 자신의 생명까지도 기꺼이 내놓겠지만, 자식은 병든 부모를 위해 목숨을 내놓지는 않을 것 같다. 목숨은커녕 부양조차도 꺼리는 세상이다.

수명이 길어지면서 늘어나는 병이 암이요, 중풍이며 치매다. 그러다보니 노인병원이 많이 들어선다. 그런 병원에는 대부분 장례식장이 성업이다. 그 앞을 지나칠 때마다 찬바람이 휑하니 가슴을 뚫고 지나는 것 같다.

얼마 전 찾아간 노인 병원에는 나무 등걸처럼 누워있는 노인과, 호스피스의 손길만이 유일한 초점 잃은 눈들이 있었다. 그 모습을 바라보니 인생무상을 새삼 절감하며, 먼 훗날의 내가 그들 안에 겹쳐져 있는 듯하여 내심 두렵기도 했다. 입원환자 중에는 의식도 또렷하고 걷는 데 지장이 없는 환자가 있다니 참으로 서글픈 일이다. 자식들이 찾아오지도 않고 매달 병원비를 송금하는 것만으로 자식의 도리를 다했다고 생각하는 사람도 있다니 안타깝기 짝이 없다. 한다. 그들도 늙고 병드는 것을 비켜갈 수는 없지 않은가. 서글픈 인생의 한 단면을 보는 것 같아 입안은 소태맛이 된다.

본인의 뜻과 관계없이 수명은 점점 늘어간다. 나이가 들어가는 많은 사람들의 가장 큰 희망은 가족에게 짐 되지 않게 살다가 잠을 자듯 이승을 떠났으면 하는 바람이다. 죽음복은 타고 난다고 하지만 지은 공덕이 업보다 더 많으면 잠자듯 떠날 수도 있지 않을까.

"병에 걸려 몸이 아프고 죽음이 닥쳐도 이를 두려워하지 않고 받아들이는 사람이 부처다."라고 하시던 어느 노스님의 말씀이 가슴에 와 닿는다. 이제 서서히 늙은 감자의 모습으로 변해가는 나를 돌아본다. 불교에 관한 기초교리를 배우며, 부처님 말씀을 듣고 삼배를 올리는 것도 스스로 병과 죽음을 두려움 없이 받아들이려는 준비를 하는 것이다.

쭈그렁 바가지 늙은 감자가 한마디 던진다. 아낌없이 다 주라고.

소중한 사람들

어찌 보면 운무는 인생의 축소판인 듯 잠시도 머물지 못하고 변하는 모습을 보여준다. 인간의 마음이 그러하질 않던가, 하루에도 수없이 바뀌는 실체도 없는 두 개의 마음에 몸은 늘 끌려가듯 살아간다.

선방의 죽비 소리

장마철에 맑은 날을 기대한 게 무리였다. 쏟아지는 빗줄기를 잘게 부수며 내달리는 차 안에서 몸도 마음도 흔들리고 있다. 꼭 가야만 하나, 버리고 얻음은 무엇이며 내 안에 있는 또 다른 나를 찾을 수는 있을까. 한번 해보고 싶다는 생각에 신청을 했지만 내심 두려운 마음뿐이다.

차창을 스쳐가는 경관이 눈에 들어오지도 않는다. 눈을 감아보지만 잠은 멀리서 서성이고, 온갖 잡념들만 무성하게 춤을 춘다. 단양을 지나 도착한 곳은 황정산 자락의 대흥선원이다. 선원禪院의 앞산은 승천하는 용의 모습으로 하얀 물줄기를 거세게 흘려보내고 있다. 아무리 봐도 폭포를 이룰만한 산은 아닌 듯했다. 암반으로 덮인 야트막한 산은 내리는 빗물을 담아내지도 못하고 요란스럽게 쏟아내고 있다.

비는 그쳤지만 먹빛구름은 둘러쳐진 산봉우리에 걸려있다. 그런 광경도 잠시 하얀 운무가 산을 감싼다. 산정을 향해 날아오르다 허리를 감기도 하고 옆으로 퍼지는가 하면 어느새 달려들어 산을 덮어 버리기도 했다. 비가 내린 후에 펼쳐지는 운무의 향연은 기획되지 않은 즉석공연 같다. 예상치 않은 신선하고 변화무쌍한 모습으로 아름다움을 뽐내기도 한다.

어찌 보면 운무는 인생의 축소판인 듯 잠시도 머물지 못하고 변하는 모습을 보여준다. 인간의 마음이 그러하질 않던가, 하루에도 수없이 바뀌는 실체도 없는 두 개의 마음에 몸은 늘 끌려가듯 살아간다. 그런 인간의 본질적인 모습에서 나를 찾아 나선 초심불자의 각오는 비장했다.

스님의 낭랑한 독경 소리가 산사의 어둠을 밀어낸다. 속세의 더럽혀진 마음을 씻어내고 부처님말씀에 귀의하려는 저녁예불이 끝나자, 인생의 근본 뿌리를 찾는 참선으로 이어진다. 별빛도 숨어버린 선방禪房에는 팔랑이는 촛불을 찾아 날아든 나방들의 날갯짓이 분주하다.

스님의 짧은 강의에 이어 입선入禪을 알리는 죽비 소리에 반가부좌를 하고도 좌불안석이다. 늘 편안함에 길들여진 몸은 십 분도 안 돼서 저리고 당기는 무릎을 움찔거리며 견딜 수 없음을 알려온다. 반쯤 내리뜬 눈으로 선방 안을 둘러본다. 미동도 않은 채 참선을 하는 도반道伴들의 모습에서 닮아가는 부처를 보는 듯했다.

화두話頭가 없는 사람은 숫자를 세라기에 작정하고 하나에서 열까지 세어 보지만, 의지와는 다르게 항상 중간에서 오르내림을 반복하고 있었다. 도무지 집중이 되질 않는다. 스님의 말씀으로는 번뇌煩惱가 많음이란다. 두 시간 내내 애를 써보았지만, 나를 찾는 첫 수행은 모두 공염불이 된 셈이다.

칠흑 같은 밤, 빗소리는 점점 목청을 돋우는데 '쏙독쏙독' 하는 새소리가 들린다. 1080배를 앞둔 긴장의 순간에도 저 새는 무슨 사연이 있기에 이 야심한 밤에 울고 있을까 하는 생각이 든다. 시작을 알리는 죽비 소리와 함께 1080배 고행苦行이 시작되었다. '착' 하는 죽비 소리는 오체투지의 절을 하라는 거절할 수 없는 명령이었다. 매번 시작을 알리는 죽비 소리로 한 번의 절이 끝나는데, 염불하며 똑같이 절하는 스님의 죽비 소리는 시계보다도 더 정확하게 들려온다. 땀이 흥건한 가사를 걸치고 납작 엎드려 절하는 모습이 아름답게만 느껴지는 이유는 무엇일까.

온몸은 땀으로 젖어들고, 부처님께 귀의하려는 '석가모니불' 소리는 점점 목안으로 감겨든다. 절을 한 지 두 시간이 넘어서자 앉거나 서 있는 법우들이 늘어난다. 주저앉고 싶다는 생각이 들었지만, 이내 도리질을 해야만 했다. 선방禪房의 죽비 소리에 길들여진 지친 몸은 무념무상無念無想의 상태로 엎드렸다 일어남을 반복했다. 몇십년간을 높이며 살아온 육신을 혼신의 힘으로 낮춰본다. 이렇게 해서 지은 업장이 소멸되고, 때로 얼룩진 마음을 씻어내며, 나를 낮출 수만 있다면 못할 게 없지 않은가.

흔들거리는 몸, 흩어지려는 마음들이 내리치는 죽비 소리에 제자리를 잡고 틀어 앉는다. 사찰의 범종梵鐘 소리는 대중을 끌어 모으고 지옥중생의 죄업을 구하려는 공명이고, 두둥둥 울리는 법고法鼓는 세간의 중생을 제도하려는 소리란다. 선방에서 '착' 하고 들리는 단음短音의 죽비 소리는 중생의 흐트러지려는 심신을 일깨우는 것이리라.

긴 고행의 시간이 지나 심신을 가다듬고 바르게 서 보려 하지만, 황정산을 기어오르던 운무같이 변해가는 내 모습을 느낀다. 수시로 변하는 게 마음이라 하거늘 어찌 얄팍한 신심信心으로 흔들리는 나를 바로 세울 수 있겠는가. 오욕칠정에 물든 마음이 건들거린다.

'착' 어깨를 내리치는 죽비 소리에 흔들리던 마음이 곧추선다.

특별한 선물

축복 속에 태어나 천수를 누렸다 한들 죽음을 선뜻 받아들이기는 어렵다. 그것은 누구도 피할 수 없는 숙명이며, 그 앞에 서면 한없이 작아지는 게 인간의 본질이다.

전화벨이 요란하게 울린다. 25년째 병수발을 하시는 장모님이다. 두 분 다 연로하신데다, 의식이 없는 장인어른이기에 전화만 오면 가슴이 덜컥 내려앉는다.

"무달라고 홍삼은 자꾸 보낸가, 글구 말시 지왕 하는 거 나가 삼벨 질루 죤놈으로 사 놨응께 그리 알게." 하신다. 말씀을 들으며 장인어른 수의를 준비하시나 보다 생각했다. 하지만 이어지는 말씀은 삼베가 어찌나 좋은지 장인어른과 맏사위인 내 수의를 만들 요량으로 사놨다고 하신다. 정신이 번쩍 들었다. 여태껏 죽음에 대해 깊게 생각해 본 적이 없었다. 건강한 50대 중반인데다 살 날이 까마득하다고 믿었다. 그래서 유행처럼 번지던 가상유언장 한 번 써보지 않았다. 그런데 수의라니.

뜻하지 않게 죽음을 갑자기 생각하게 되었다. 살아온 날을 돌아보니 치열하지도, 최선을 다해 살지도 않은 것 같다. 게다가 길 떠날 채비도 하지 않은 초라한 자화상이 어정거린다. 싸늘한 시신 위로 쏟아질 피붙이의 눈물 아래 내게 입혀질 삼베수의가 어른거린다. 평소에 덜어내려 했지만 내려놓지 못한 채 움켜쥐었던 욕망들이 한꺼번에 무너져 내린다. 말기 암 선고를 받은 환자와 법정에서 사형 선고를 받는 심정이 이럴까. 아무리 생각해도 받아들이기가 힘들다. 내면에는 더 살고 싶다는 강한 욕망이 수의라는 낯선 단어를 거세게 밀어내는 것 같다.

석 달 전, 긴 병고로 고통받던 장인어른이 숨을 거두셨다. 생전에 힘겨워 하시던 모습은 간데없었다. 곱게 단장한 몸에 수의가 입혀질 때 흐려진 시야에 내 모습이 겹쳐진다. 장만해둔 두 벌 중 한 벌이 떠나시는 당신의 마지막 가림이 되고 있었다.

사는 게 버거울 땐 누구나 한번쯤은 죽고 싶다는 생각을 하지만, 막상 닥치면 반길 사람이 어디 있으랴. 요양병원에서 근무하는 호스피스의 말을 빌려보면, 운명을 앞둔 환자들도 생명연장과 안식을 위해 개종改宗을 하며, 수없이 흔들린다고 한다. 눈앞에 어른거리는 저승길을 홀로 가야 하는 두려움이 마지막 보루인 새로운 신앙에 매달리게 하는 것이리라.

삼우제를 치르고 다른 가족들이 떠나자 장모님은 장롱 위에 놓인 박스를 내려오라 하신다. 보자기에 싼 삼베수의를 꺼내놓으시며 당부를 하셨다.

"나이롱 베하곤 아주 다르당께, 근매마시 잘 숭게놨다 낸중에 쓰구 다른 새끼들에게는 절대 비밀로 해야 쓰네."라는 말씀을 하신다.

목울대가 뻐근해져온다. 당신의 몫이라야 마땅한 것을 사위에게 주신 셈이다. 이 수의는 딸과 사위가 건강하고 행복하게 오래 살라는 장모님의 간절한 염원이며 깊은 사랑의 표시이리라.

일찌감치 마련한 수의壽衣, 그것도 장모님이 해주신 거라면 아주 특별한 선물이 아닐까. 언젠가 새로 산 양복을 기쁜 마음으로 입듯 수의를 입고 싶다. 그때 나를 보내는 사람들이 "참 아까운 사람이야."라는 소리를 듣고 싶다. 그래, 남은 인생 제대로 한번 살아봐야겠다.

아내의 시험

문틈 사이로 불빛이 새어 나온다. 혹간 책장을 넘기는 '사그락' 소리만이 고요한 새벽을 가른다. 조급증에 세 시가 넘었지만 잠자리에 들지 못하고 시험 준비를 하는 아내다.

벌써 몇 달째인가. 밤이 깊도록 책과 씨름하며 괭이잠을 잔다. 저런 몸으로 출근하면 얼마나 피곤할까. 종일 직장에서 시달리다 집으로 돌아오면 많이 힘겨워한다. 어떤 날은 그 짧은 눈 붙임에 끙끙 앓는 소리를 내기도 한다.

잊을만하면 찾아드는 명예퇴직의 압력은 점점 거세지는데, 회사를 정리하고 벌인 내 사업도 안정이 되질 않으니 아내의 쫓기는 듯한 심정은 십분 이해가 간다. 그런 마음이니 불을 끄고 누워도 잠이 오지 않는 것은 어쩌면 당연할지도 모른다.

언젠가 다 그만두고 집에 눌러앉아 살림이나 하고 싶다며 넋두리처럼 내뱉던 아내의 말은 날 세운 비수로 가슴에 꽂히기도 했다. 아직은 그럴 수 없다는 걸 잘 아는 아내의 마음은 하루에도 몇 번씩 퇴직의 유혹과 힘겨운 공부라는 갈등으로 흔들리고 있는 것이다.

지천명을 바라보는 나이로 공부를 한다는 게 얼마나 어려울까. 거의가 암기를 해야 하는 과목은 정말 한계가 있는 듯했다. 책을 읽고 나도 머리에 남는 것이 없다던 아내는 고육지책苦肉之策으로 묘안을 생각해냈다. 책을 읽으며 백지 위에 낙서처럼 흉내만내는 글씨로 빼곡히 쓰는 것이었다. 벌레가 기어가듯 조느라 겹쳐지고 겹쳐진 까만 점들은 썰물에 드러난 갯바위에 빼곡히 달라붙은 따개비 같기도 했다.

몇 달 동안을 천근만근에 무게로 내려앉는 눈꺼풀과 싸워가며 애면글면 준비한 시험날이다. 부담 갖지 말고 차근차근 풀라는 당부를 하였지만 그 말은 긴장을 풀거나 문제를 푸는 데 아무런 도움이 될 수 없는 자조 섞인 푸념으로 내게로 돌아왔다. 시험장으로 들어가는 사람들을 바라보니 대부분이 젊은 사람들이었다. 고개를 숙이고 몸을 움츠린 채 걸어가는 아내의 뒷모습이 더욱 작아 보여 마음이 아렸다.

2년 후면 두 아이가 대학에 입학을 하고 복학을 한다. 등록금은 무거운 짐이 될 것이 분명해 저토록 직장이라는 끈에 매달려 떨어지지 않으려고 버둥대는 아내가 그 어느 때보다 측은하게 느껴졌다.

끌어안고 있는 짐들이 버겁거나 마음이 심란할 때면 언제나 묵언

默言으로 반기는 산을 찾아 나섰지만, 오늘은 우암산을 넘어 상당산성까지 올라가 성곽을 한 바퀴 돌아 해거름에나 내려올 요량으로 산으로 향했다. 등산로에 접어들자 곳곳에 잔설이 깔려 미끄러운 산행이 이어졌다. 방송국 송신탑을 지나 정상에 올라서니 많은 사람들이 운동을 하고 있었다. 젊음을 과시하듯 힘차게 철봉을 하는가 하면, 훌라후프를 몇 개씩 겹쳐 돌리는 사람들도 있다.

금방이라도 눈이 내릴 듯 뿌연 하늘과 주위를 둘러보니 바람결에 갈기를 휘날리는 말 잔등 같은 능선에도, 잔설이 엉겨 붙은 응달 골짜기에도, 아내의 환영幻影은 피곤한 모습으로 희미하게 서 있었다. 어느덧 멀리 산성이 눈앞에 보이고 등산로는 점점 넘쳐나는 사람들로 비좁아진다.

거친 숨을 내몰아 가며 오르는데, 서너 걸음 앞에는 마흔 안팎의 젊은 부부가 손을 꼭 부여잡고 연방 행복한 웃음소리를 허공에 날리며 걷는다. 그런 모습을 보니 가슴이 짠해 오며 밤새워 책상에 앉아 공부하던 아내의 모습이 시야를 가린다.

오르던 발길을 멈추고 한동안 나무에 기대어 구절양장九折羊腸으로 살아온 지난 세월들을 되돌아본다. 인생의 삶이란 이렇게도 험난하기만 한 것인가. 숲을 이루고 있는 나무들을 바라보며 생명을 함께하는 자연도 어쩌면 사람과 무엇이 다르랴. 양지에서 자라는 나무가 있는가 하면 그늘에서 자라는 나무도 있다. 이것이 우리들의 삶이 아니던가.

오늘은 숨이 턱에 차오르고 힘들어도 쉬지 않고 걸어갈 참이다. 불혹의 반려자를 고사장에 들여보낸 미안한 마음을 앞세우고 내 삶을 반추해보며 걸어갈 셈이다.

짧지 않은 스물세 해를 함께 살아오며 시험보다 더 힘겹고 어려운 질곡의 삶을 살기도 했다. 그런 삶으로 얻어진 것들을 소중히 지켜가며 생을 끝까지 함께할 반려자이기에 아끼고 존중하며 살아가겠다는 다짐을 하며 걷고 또 걷는다. 내년 이맘때는 시험부담을 떨쳐낸 아내와의 산행을 기원하며.

어느 노점상

할머니가 푸성귀며 잡곡을 판다. 괴산 칠성에 사는 할머니는 작달막한 키에 부스스한 하얀 머리, 헐렁한 꽃무늬 몸빼 차림이다.

그간의 고단함이 몽땅 담겨있는 거칠고 뭉툭한 할머니 손은 구절양장의 인생여정을 고스란히 담고 있다. 머리에 까치집을 달고 사는 아들은 노모의 고단함을 아는지 모르는지 심드렁하다. 가끔은 운전석에 벌렁 누워 낮잠을 자는 모습을 보면 할머니 속을 어지간히 태웠을 것 같다.

오늘따라 할머니 모습을 보니 뜨거운 햇볕이 내리쬐는 날, 강냉이밭을 매자는 어머니의 말씀을 듣고도 어깃장을 놓듯 낚싯대를 들고 강으로 내달리던 형들이 생각났다. 의지할 가장도 없는데다 자식마저도 뜻대로 따라주질 않으니 얼마나 속이 상하셨을까. 구부정한 허리에 뒷짐을 지고 홀로 비탈진 강냉이밭으로 향하시던 가냘픈 어머니의 뒷모습은 슬프기만 했었다.

할머니가 편의점 앞에 자리를 편 걸 보면, 본 적은 없지만 가게주인이 참 좋은 사람인 것 같다. 대부분의 점주들은 문 앞에 노점이 서면 험한 소리를 하며 쫓아내기 일쑤다. 좌판이 깔리면 어수선할 수도 있을 텐데, 허락해주는 것을 보며 사람의 정을 느낀다.

대형마트에 갈무리된 깔끔한 상품에 비해, 모양새나 상품가치는 없지만 직접 농사지은 채소며 곡류에다 산에서 채취한 나물을 팔았다.

할머니는 사람을 끌어들이는 별난 재주가 있었다. 물건을 펴놓고 장사를 하자마자 푸근한 인정이 넘치는 시골장을 그리워하는 사람들이 모여들었다. 배 나온 임산부, 유모차를 밀고 다니는 젊은 주부부터 중년의 주부, 손자를 데리고 나오는 할머니까지 모여들게 했다.

답답한 공간에 싫증난 아파트 노인정 할머니 대여섯 분은 매일같이 찾아왔다. 좌판 앞에 일렬로 늘어앉아 소소한 일상의 이야기들을 풀어내며 무료함을 달랜다. 더러는 할머니를 도와 채소를 다듬고 마늘을 까면서도 가까이하는 걸 보면 늙어가는 외로움이 얼마나 큰 고통인지 가늠해 보기도 한다.

오늘은 바닥에 펴놓은 넓이가 한 발은 더 길어졌다. 어제 없었던 멋대로 자란 돌미나리며, 호박잎, 햇고구마에 간추리지도 않은 누런 잎을 달고 있는 대파가 늘어났다.

할머니는 처음엔 채취하거나 집에서 농사지은 것만 가져 오시더니, 지금은 종류와 양도 늘어 노점치고는 규모가 큰 편이다. 늘 웃으시는 친근하고 정 많은 할머니와 순박한 시골 노총각이 듬뿍 얹어주는 덤 때문에 장사가 잘된다.

어떤 날은 시들어 배배 돌아가는 도라지를 파시기에 "할머니 이거 오래됐네요." 했더니 주름진 얼굴에 환한 웃음을 지으며, "아녀, 우리 밭에서 오늘 아침에 캐 왔어." 하신다. 오늘 아침에 캔 것도, 집에서 가져온 것도 아닌 줄 알지만, 약으로 쓸 시들시들한 도라지를 사면서도 할머니를 보노라면 전혀 언짢지가 않다. 젊은 사람이 그런 말을 한다면 사지도 않을 텐데, 할머니에겐 그런 감정이 들지 않는다.

얼마 전까지도 저울도 됫박도 없이 할머니는 뭐든 어림짐작 눈대중으로 담아주고 집어주었다. 그래도 불만인 사람은 없다. 그도 그럴 것이 다른 데보다 값싸고 많이 주기 때문이다.

지난 토요일에는 청둥호박을 갖다 달라고 부탁했다. 월요일에 가져 오신다기에 혹시나 하면서 갔더니 할머니는 역시나 잊으셨다.

"내가 정신이 깜빡깜빡해서 이자버렸네, 낼은 꼭 가져올 겨." 이러시는 할머니다. 내일은 꼭 가져오신다고 했지만 믿을 수는 없다.

오늘도 지나다 보니 길바닥에서 점심요기로 찐 고구마를 드시다 큼직한 걸로 하나 내민다.

"이거 햇고구마여. 먹어봐, 아주 달달해."

팍팍한 도심에 사는 이들에게 고향의 향수를 느끼게 하고, 덤이라는 따듯한 정을 나눠주시는 할머니. 어느 작가는 "돌아앉은 사람의 등줄기를 보고 있자면 상대방 삶의 이력이 한눈에 다 보인다."라고 했다. 구부정한 등이며, 깊게 파인 주름을 쓸어내리던 8월의 햇살은 어느새 내 어머니를 할머니 얼굴에 그려내고 있었다.

할머니를 통해 내 어머니를 찾는다.

미스터리

대문을 열자 어둠 속에서 개가 달려든다. 언제나 집에 들어서면 가장 먼저 반기는 얼룩덜룩한 긴 털의 발바리. 다리가 짧아 불룩 나온 배가 땅에 닿을 듯하지만 뛰는 모습은 다리가 보이지 않을 정도로 빠르다. 사람이 있는 시간보다 빈 시간이 더 많은 우리 집, 개를 키우니 훨씬 든든한 것 같았다. 체구는 작지만 아주 영리하다.

봄맞이 행사로 충청대학에서 난타공연이 있었다. 아내와 함께 신나게 박수치고 웃으며 공연에 푹 빠지다보니 가슴이 뻥 뚫렸다. 그동안 더께로 쌓였던 스트레스를 모두 털어내고 공연장을 나서니 상쾌했다.

늦은 시간 집에 들어서며 늘 하던 버릇대로 불 켜진 거실을 바라보며 현관 키를 넣고 돌렸다. 부드럽게 돌아 가야 할 키는 더 이상 움직이질 않았다. 뭔가 알 수 없는 불길한 예감이 뇌리를 스쳤다.

잠그지 않은 건가. 아니면 누가 열어 놓은 것인가. 현관문을 잡아당기자 저항 없이 문이 열렸다. 거실 문을 열자 눈에 비치는 광경은 차라리 꿈이길 바라는 마음이었다. 집을 비운 사이에 누군가 우리의 편안한 보금자리를 모두 헤집어 놓았다. 소중하게 간직했던 모든 것들이 발가벗겨진 상태가 되었다. 불청객이 다녀갔다는 생각만으로도 소름이 끼쳤다. 긴장감에 머리털은 성난 고양이털처럼 곤두섰다.

열린 방문을 통해 안방을 들여다보던 아내는 "헉!" 하며 물러섰다. 덜덜덜 떨고 있었다. 장롱 앞에는 내팽개쳐진 이불이며 옷들이 정신 사납게 나뒹굴고 있었다. 방을 향해 들어서려고 했지만 발걸음이 떨어지질 않았다.

밤 한 시가 넘은 시간이라 어두운 골목은 정적에 싸여 있었다. 미처 몸을 피하지 못한 방문객이 어딘가 몸을 숨기고 있다가 내가 들어서기만 노리고 있을지도 모른다는 생각에 무서웠다. 짧은 순간이지만 불길한 상상이 뇌리를 스친다. 몰래 침입한 불청객이 휘두르는 흉기가 내 몸을 헤집고 들어올지도 모른다는 생각이 미치자 절대 그냥은 들어설 수가 없었다. 후들거리는 걸음으로 마당으로 나왔다. 담장 밑을 둘러보니 팔뚝 굵기의 나무도막이 있었다. 좀 짧긴 했지만 손에 잡으니 한결 마음이 든든했다. 떨고 있는 아내를 한쪽으로 비켜 세웠다. 헛기침을 하며 거실로 들어섰다. 팽팽한 긴장감에 숨을 쉴 수가 없었다. 바작바작 입안이 타들어갔다. 전등을 모두 켜고 안방으로 들어가니 난장판이 된 살림살이가 방바닥에 널브러져 있었다. 그제야 하얗게 질린 얼굴의 아내도 따라 들어섰고 방안을 보자 망연자실한 표정이었다. 장롱서랍이며, 화장대, 문갑, 해외 출장을 다닐 때 쓰던 서류가방도 흉물스런 모습으로 망가진 채 열려 있었다.

패물이 담겨있던 통들은 빈 통이 되었다. 본인이 아니면 찾을 수 없는 통장들만 바닥에 나뒹굴고 있었다. 그때만 해도 비쌌던 캠코더와 카메라는 손대지 않았다. 그야말로 전문가였다.

정신을 차리고 없어진 물건을 챙겼다. 결혼패물, 수량이 많던 아이들 돌·백일반지, 장기근속으로 받은 행운의 열쇠, 가끔 결혼기념일에 해줬던 목걸이며 반지, 아끼느라 쓰지 않았던 상품권까지 합치니 꽤 큰돈이다.

없어진 것들이야 다시 장만하면 그만이다. 사람이 상하지 않은 것만도 다행이라 여겼다. 친구들과 찜질방에서 자고 있을 어린 딸에게 이런 모습을 안 보인 게 그나마 다행스러웠다. 어른도 없는 집에 딸아이가 혼자 있었다면 어찌 되었을까. 상상조차 하기 싫었다. 친구들하고 찜질방에 가겠다고 떼를 쓰던 아이, 몇 가지 다짐을 받고야 보내주었는데 정말 다행스러웠다.

경찰이 다녀갔다. 잃어버린 물건의 목록이 필요하단다. 괜히 신고를 한 것 같다. 살림을 정돈하고 청소를 마치니 세 시가 다 됐지만 잠이 오질 않는다. 긴장도 풀 겸 아내와 맥주를 한잔 마시다 보니 잃어버린 물건들이 눈에 선하다. 손가락에 끼워줄 때 알이 작아 민망했던 아내의 다이아반지, 손가락이 짧다고 끼지 않았던 쌍가락지, 두 아이의 백일 · 돌반지, 아까웠다. 속이 쓰렸다. 이렇듯 사람에 마음이란 간사스러운가 보다. 처음에는 사람이 상하지 않은 것만도 다행으로 여겼는데 시간이 지나 여유가 생기자 한발 물러섰던 욕심이 다시 달려들었다.

그 일이 있은 후 풀리지 않는 의문 점이 하나 있다. 비록 덩치는 작지만 낯선 사람이 오면 암팡지게 짖어대는 토미. 그날 밤엔 개 짖는 소리를 듣지 못했다는 신경이 예민한 이층 새댁의 말이 자꾸만 거슬렸다. 그렇다면 현관문을 따는 침입자에게 아마도 저 녀석은 꼬리를 흔들었는지도 모른다는 생각을 해본다.

거참 묘한 일이다.

문수암의 반달곰

오늘도 폭염경보다. 하루가 멀게 들려오는 기상이변이 염려스럽다. 번번이 빗나가는 비 예보에 비해 불볕더위는 잘도 맞힌다. 여름휴가의 피크라 고속도로는 이미 거대한 주차장이 되었다는 뉴스가 들린다. 끈적거리는 바닷바람보다야 청량한 산바람이 나을성 싶어 지리산으로 향했다.

화엄사 계곡이다. 이곳도 예외 없이 오토캠핑장이며 펜션들이 늦게 도착한 피서객들의 등을 매정하게 떠민다. 갑자기 피로가 엄습한다. 몇 시간을 달려왔는데…. 계류에 발이라도 담가야 피로가 가실듯싶다. 계곡에는 물놀이 삼매경에 빠진 예닐곱 살 아이들이 우리가 있는 곳까지 물을 뿌려댄다. 비록 옷은 젖었지만 싫지는 않았다.

운조루와 곡선재를 잠시 둘러보고 반달곰이 있다는 문수암으로 향했다. 지리산은 높기도 하지만 그 범위가 넓어 어디든 계류에는 맑은 물이 흘러간다. 문수암으로 가는 길목에도 많은 피서객들이 계곡을 채우고 있다. 도로도 좁은데다 가풀막져 4륜구동차로 오르는데도 긴장을 늦출 수 없다.

지리산 중턱에 위치한 아담한 암자 문수암. 주차장이라야 승용차 대여섯 대를 겨우 세울 수 있었다. 절집 입구에는 애완견을 절대 데리고 오지 말라는 글과 반달곰의 먹이를 판다는 내용도 적혀 있다. 이유인즉 개를 보고 반달곰이 놀란다는 내용이다.

대웅전 옆에 자리한 반달곰 사육장은 튼튼한 철근으로 만들어져 있다. 안내문엔 어느 신도가 반달곰 4마리를 문수암에 시주를 하였고 그중 온순한 두 마리는 지리산에 방사했으며, 성질이 난폭한 두 마리는 사육 중이라고 적혀있었다.

사육장 옆에는 반달곰 먹이로 쓰일 짙은 향기를 풍기는 노란참외가 쌓여있다. 필요한 분은 종을 치라는 글이 있지만 누구 하나 선뜻 종을 치는 사람이 없었다. 먹이 값이 정해져 있지 않은 탓인 듯싶다. 대체 얼마인지도 모르니 막상 종은 쳤는데 예상치 않은 가격이라면 곤혹스러울 것 같다. 사육장 주변으로 사람들이 하나둘 모여드니 반달곰 한 마리의 몸놀림이 유난스레 바쁘다. 우리 안으로 굴러 오게 만들어진 먹이 투입구 양쪽을 번갈아가며 분주하게 움직이지만 연신 허탕만 치고 있다.

외려 2층 철장에서 느긋하게 오수를 즐기는 놈이야말로 곰다웠다. 반면에 온통 먹을거리에 집중하는 식탐 많은 반달곰을 보자니 욕심에 가득 차 호시탐탐 기회를 노리는 사람으로 비춰진다. 이권과 출세를 위해 힘 가진 사람들 사이를 오가며 줄타기를 하다 금세 등을 돌리는 몰인정한 사람들이 의외로 많은 세상이다.

좁은 철장 안에서 인간에 의해 길러지는 반달곰, 그 녀석들은 신도들이나 관광객들이 불규칙하게 넣어주는 참외를 받아먹으며 어떤 생각을 할까. 곰에 관한 전문지식을 갖춘 사육사들이 심혈을 기울이며 기르는 곰하고 이곳에 있는 곰들은 많이 다를 것이라는 생각이 든다.

곰 사육장 앞에 내걸린 문구가 영 마음에 거슬린다. 온순한 곰 두 마리는 지리산에 방사하고 난폭한 곰 두 마리는 철장 속에 있다는 설명이다. 난폭하다는 것은 어쩌면 야성을 가졌다는 의미이고 방사를 해서 야생에 적응하는 데는 저 녀석들이 더 낫지 않을까라는 생각이 든다.

문득 청송교도소가 떠오른다. 재범확률이 높은 재소자를 격리수용하며 보호한다는 청송교도소가 문수암의 반달곰 철제사육장 같다. 세상과 격리시켜 가둬 놓는 것만이 능사가 아닐 것이다. 굳어진 마음이지만 끝없는 노력으로 교화시켜서 다시는 그들이 범죄를 저지르지 않는 선량한 인간으로 만들어야 하지 않을까.

문수암의 반달곰처럼 식탐을 늘리는 한 온순해지길 바라는 것은 노력하지 않는 인간의 욕심일 게다. 옳고, 그르고, 좋고, 나쁨을 가리는 분별심을 없애고 무량한 선함과 육바라밀을 수행해야 할 절집에 철장에 가둔 반달곰사육이라니 어떤 의도인지 정확히 알 수는 없지만 그다지 어울리지는 않았다.

한동안 머물렀지만 잠시도 쉬지 않고 번갈아가며 먹이통을 탐하던 반달곰이 눈앞에 어른거린다. 잡식성인 곰이 어쩌다 관광객들이 던져주는 참외로 더욱 사나워질까 염려스럽다.

돌아서는 등 뒤로 목탁 소리와 염불 소리가 따라붙는다.

“나무아미타불 관세음보살.”

꺼지는 불, 피어나는 꽃

봄날, 한 통의 전화를 받았다. 실은 매우 어려운 부탁이라며 조심스레 말을 꺼냈다. 하지만 꼭 들어줬으면 좋겠다는 말도 이었다. 나는 거절을 잘 못하는 성격이다. 그 바람에 몇 차례 사정을 들어주다 곤욕을 치르기도 했었다. 그런데 까놓고 어려운 부탁이라니 짧은 순간이지만 별별 생각이 다 든다.

먼 집안동생이 사정상 수술을 해야 하는데 잠시 남편 노릇을 해달라고 했다. 그 말을 듣고 나니 가슴이 철렁 내려앉았다. 아무리 허물없는 사이라지만 너무 어려운 부탁이다. 남편의 동의를 얻기 어려운 낙태라면 아이욕심이 많은 남편 때문일까. 아니면 그 어떤 말 못할 사정이 있을까. 머릿속이 혼란스러웠다.

추후에 발생될 법적인 문제를 넘어서라도 살아있는 생명을, 그것도 남편을 가장한 전화 한 통으로 엄마 뱃속에서 막 피어오르는 생명의 불을 끌 수는 없었다. 생각만 해도 오소소 소름끼치는 일이다.

해마다 출산감소로 불법시술을 강력하게 단속하니 병원에서는 배우자의 동의를 요구했다. 어떤 방법으로 확인하는진 모르지만 태아의 아버지가 아닐 수도 있는 남자와 몇 마디의 통화로 고귀한 생명을 제거한다는 사실이 믿기지 않았다. 아니 믿고 싶지도 않았다.

한마디로 거절하고 전화를 끊었지만, 머릿속에는 언젠가 인터넷에서 본 낙태수술 장면이 떠올랐다. 그 작은 생명체가 자신을 해하려고 자궁 안으로 들어온 기구들을 피하느라 움찔움찔하던 모습이 떠올랐다.

생명, 이보다 더 소중한 게 무엇이 있을까. 대부분의 종교에서는 생명의 존엄성을 강조한다. 불가에서는 살아있는 모든 생명을 살생하지 말라고 가르친다. 미물이나 축생도 그럴진대, 사람의 목숨을 뺏는 악업이라니…….

낙태를 원하는 사람이 있는가 하면 아이를 얻으려고 별의별 짓을 다하며 수년간 공들이는 부부도 많다. 아이를 갖고 싶은 그들의 마음은 간절하다 못해 절박하다. 그중에는 오랫동안 나를 도와주던 지인이 있다. 남보다 늦게 결혼했지만 유독 금슬이 좋았던 부부는 몇 년이 지나도 아이가 없었다. 장남인데다 마흔이 넘도록 아이가 없자 웃음을 잃어버린 얼굴은 보기조차 안쓰러웠다. 곁에서 보는 게 이 정도라면 본인의 마음이야 오죽할까. 아이를 얻기 위해 안 해본 게 없다고 했다. 절집에서 올린 백일기도와 좋다는 민간처방,

전국의 용하다는 병의원을 찾아다니다 끝내는 가족들의 권유로 인공수정시술을 받기로 했다. 2년 넘게 서울을 오르내리며 수차례 시술을 받았는데 비용도 엄청나지만 부부가 육체적 정신적으로 겪은 고통이 견디기 어려웠다고 했다.

몇 해 전이다. 오랜만에 수화기를 통해 들려온 지인의 목소리는 착 가라앉아 있었고 뒤따라 긴 한숨도 들려왔다. 무슨 일이냐 다그쳐 묻자, 그제야 집사람이 아이를 낳았다고 했다. 그토록 원하던 아이를 얻었는데 대체 뭔 일이기에. 불길한 생각이 뇌리를 스쳤다. 짧은 시간이지만 온갖 못된 상상이 머리를 어지럽혔다. 잠시 감정을 가라앉히고 뭘 낳았냐고 묻자 큰애는 아들, 둘째는 가시나 그리곤 한참 뜸을 들인 뒤 셋째는 머슴애란다.

한숨이 절로 나오는 이유를 알 것 같았다. 요즘 하나도 키우기 어렵다며 출산을 꺼리는 젊은 부부들이 외의로 많다고 한다. 게다가 한 술 더 떠 아예 출산을 포기하고 산다는 젊은 부부도 많은 세상이 아니던가. 그런데 셋이라니. 아무리 고대했던 자식이지만 세쌍둥이의 탄생이 기쁘면서도 한꺼번에 키워야 하는 걱정이 앞섰던 모양이다.

백일 무렵 세쌍둥이를 보러갔다. 한여름이라 시원한 거실에 순서대로 나란히 누운 아이들은 어느 꽃보다 더 아름답게 피어나는 꽃이요, 고귀한 보석이었다. 이 아이들이 생겨나려고 그렇게 부모를 힘들게 했나 보다.

의지와 운명은 어긋날 때가 많다. 버나드 쇼의 '인생은 생각하면 희극이고 느끼면 비극이다.'라는 말이 떠올랐다. 반짝이는 까만 눈, 옹알거리는 입이 귀엽기만 하다. 움켜쥔 주먹을 펴고 내 손가락을 넣어본다. 오므리는 고사리 손에서 따스함은 전해오는데, 어쩌자고 생명의 불을 꺼달라던 전화목소리는 귓전을 맴도는지.

소중한 사람들

겨울을 재촉하는 비가 내린다. 마당 가득 쏟아져 내린 은행잎을 밟으며 상념에 잠겨본다. 모두가 말없이 떠나가는데 작별을 고하는 은행나무가 고마웠다. 한때는 은행도 달리지 않는다며 베려고 한 것이 미안했다.

은행나무가 잎들을 떠나보내 듯 사노라면 함께했던 가까운 이들과도 안타까운 이별을 해야만 한다. 새로운 만남은 기대와 희망이 있어 아름답지만, 어쩔 수 없는 이별은 가슴 한쪽을 멍들여 놓기도 한다.

한동안 이런저런 생각을 하다 보니 얼마 전까지 운영하던 회사농장에 심어놓은 호박이 궁금해졌다. 불현듯 가보고 싶었다. 무척이나 애착을 갖고 가꾸던 공장이었지만, 분사를 했던 모기업은 약속을 저버렸고 경제난으로 주문은 줄어드는데다 불어나는 적자를 감당하기 어려웠다. 장고 끝에 눈물을 머금고 회사 문을 닫아야 했다.

잡초 한 포기 없이 깔끔하던 일터가 잡초가 무성한 채 팔리기만을 기다리는 공장이 싫어 외면하고 싶었다. 하지만 마음이 허전하고 직원들이 그리울 때면 불 꺼진 공장을 쓸쓸히 배회하다 돌아오기도 했다. 어딜 가나 직원들의 손때가 묻어있고 땀 냄새가 배어있는 그곳을 돌아보노라면 마음이 쓰리고 아팠다. 점심시간이면 스트레스를 풀려고 좁은 공터에서 족구를 하던 직원들의 웃음소리도 들리고, 납품일자를 맞추려고 며칠씩 밤잠을 설치며 완성된 기계가 힘차게 돌아가는 소리도 들리는 듯했다.

몇 달 전, 피눈물을 머금고 회사를 정리할 때 400여 평의 공장 밭에 호박을 심었다. 그냥 두자니 직원들이 알뜰하게 가꾸던 주말농장이 잡초로 덮이는 게 싫었다. 하지만 장마가 끝나고 찾아간 그곳에는 달맞이꽃, 개망초, 바랭이 천지였다. 오히려 호박덩굴을 찾아보기가 어려웠다. 호박씨와 함께 심었던 작은 소망은 물거품이 되고 말았다. 사람의 손길과 사랑이 없으면 호박조차도 제대로 자랄 수 없다는 사실을 알게 되었다.

된서리가 내리고 나서 다시 공장을 찾아갔다. 혹시나 하며 호박 넝쿨이 무성했던 마른 풀숲을 살펴보았다. 말라비틀어진 줄기에 탯줄처럼 붙어있는 호박이 여기저기서 얼굴을 빼죽 내밀었다. 반갑고 고마웠다. 호박들은 나와 함께 온갖 고생을 하며 공장을 알차게 늘려 나가던 직원들의 모습이었다.

묵묵하게 잘 이끌어가던 큰형 같은 커다란 호박과 매끈하고 잘 생긴 노총각 같은 호박도 있었다. 몸집은 작지만 야무지게 생긴 직원에다, 사람 좋기로 평이 나 있고 지금도 안부전화를 주는 직원으로 반긴다. 이렇게 모두 반기는데 그동안 무심하게 지냈던 내 마음이 부끄럽기만 했다.

나만 바라보며 열심히 근무했던 직원들이다. 큰 회사에서 함께 일했고 분사에 의해 따라나섰던 성실하고 능력 있는 엔지니어였다. 작은 회사라 모든 게 불편하고 부족했어도 불평 없이 지냈다. 일감이 없으면 내 눈치를 보며 청소를 하고 잡초를 뽑으며 농장을 가꾸던 직원들이었다. 좁은 공간 안에서 모두가 하나였던 가족들, 공장 안에서는 내수 및 수출용 정밀산업기계를 만드느라 열정을 쏟아 부었다. 짬이 나면 뜨거운 햇살 아래 주말농장을 가꾸느라 땀 흘리던 직원들을 늙은 호박으로 만날 수 있어 반갑고 기뻤다. 호박 하나하나를 직원들을 대하듯 어루만지며 미안하다, 미안해를 되뇌이며 껴안아 보았다. 그렇게 된서리가 내리던 구름 한 점 없던 밤에도 풀숲에 숨어 나를 기다렸을 것 같은 호박들이었다.

늦게라도 찾지 않고 방치했다면 어떻게 되었을까. 호박들은 무던히도 나를 원망하며, 발가벗은 몸으로 온몸이 조여드는 추위에 저항을 하다 끝내 흐물흐물거리며 무너져 내렸을 것 같았다. 정말 오길 잘 했다는 생각이 들었다.

지금도 직원들을 떠올리면 웃는 얼굴이 아닌 회사 문을 닫아야 한다는 말을 꺼냈던 마지막 회의 때 고개를 떨어뜨리고 메모를 하던 모습들이다. 그래서인지 늘 가슴에 주먹만 한 덩어리로 매달려있는 소중한 사람들이다. 모든 게 낯설기만 한 새로운 삶의 터전에서 단단한 삶의 뿌리를 내렸으면 좋겠다는 기원을 한다. 이곳에서의 인연을 옛이야기로 남겨둔 채.

소리

매미소리가 슬그머니 새벽 창문을 넘는다. 며칠째 이어지는 열대야만으로도 괴로운데 발정 난 괭이 소리까지 들려오니 숙면은 언감생심이다. 게다가 새벽에 들리는 건축공사장의 소음에 눈뜨는 날은 몸이 무거운데 참매미 소리에 잠을 깬 오늘은 기분이 상쾌하다.

여름에 쉽게 들을 수 있는 참매미나 쓰르라미 소리는 음도 아름답지만 리듬도 탄다. 반면 단조로운 긴 음에 매미 중 가장 큰소리를 내는 말매미 합창은 가뜩이나 무더운 날씨에 짜증스럽게 들린다.

소음공해가 심한 도심에 살다보니 눈뜨면서 잠들 때까지 자의든 타의든 수많은 소리를 들어야 한다. 들리는 소리도 듣기 좋은 것도 있으며 들으면 미간을 찌푸리게 하는 소리도 있게 마련이다.

소리 중 인간이 본능적으로 가장 듣고 싶어 하고 그리워하는 소리는 과연 무엇일까. 사람에 따라 다를 수 있겠지만, 엄마의 자장가

소리, 젖을 빨면서 듣던 심장소리, 유년에 들었던 자연의 변화무쌍한 소리가 아닌가 싶다. 아이 등을 토닥이며 부르던 엄마의 자장가를 기억할 수는 없다. 하지만 자장가는 아이를 단잠으로 이끄는 엄마의 가장 달콤한 사랑의 속삭임이다.

나이가 들어가도 늘 그리워하는 소리가 있다. 어머니의 다듬이 소리, 여울져 흐르던 강물 소리, 꽁꽁 언 강에서 들리던 얼음이 갈라지는 소리, 문틈을 비집던 문풍지 소리다. 아침이면 부엌에서 들리는 장작이 타면서 내는 타다닥거리는 소리, '싸~악 싹' 마당을 쓰는 정겨운 비질소리에 눈을 뜨곤 했다. 그런 소리들은 오랜 세월이 흘러도 잊히지 않고 기억되며 그리워하는 소리로 남아있다.

돌아보면 우리 곁에서 이미 사라져간 소리들이 많다. 새벽녘이면 고샅을 누비며 딸랑거리던 두부장수 소리, 일찌감치 쓰레기를 걷어가던 청소부의 종소리, 부지런한 이웃이 골목길을 말끔하게 쓸어내던 싸리비질 소리다.

내 기억 속에 제일 싫어하던 소리는 통금사이렌이다. 어렵게 고학하던 시절이라 늦은 시간까지 일을 해야 했고, 사이렌이 울리고 나서야 책을 펴들곤 했었다. 한겨울에 연탄불도 넣지 않은 냉방이지만 눈이 절로 감겨왔다. 다리를 쥐어뜯고 따귀를 때려 봐도 내리덮는 눈꺼풀을 이기지 못해 웅크리고 잠이 들지만, 곧바로 들리는 해제 사이렌에 무거운 몸을 일으켜야 했다. 잠을 자고 일어나는 게 내 의지가 아닌 통금 사이렌이라는 생각에 너무 듣기 싫었다. 푹

자야하고 꿈꿔야 하는 시절을 그렇게 보내서인지 성격도 내성적으로 변해 한동안 자기주장을 내세우지 못했다.

조사에 의하면 많은 사람들이 가장 듣고 싶은 자연의 소리는 시냇물이 흐르는 소리라고 한다. 이렇듯 자연이 만들어내는 계곡물 소리, 바람이 내는 소리, 새들이 지저귀는 소리는 언제 어느 때 들어도 정겨운 소리다.

몇 해 전만 해도 자연이 들려주는 소리가 그리워 여름이면 계곡에서 야영을 했다. 지저귀는 산새 소리도 아름답지만, 여울져 흐르는 계곡의 노래는 메마른 감성을 촉촉하게 적셔주는 단비였다. 그런 연유로 휴가철에는 일반 숙박시설에 비해 다소 불편하지만, 강이나 계곡에 텐트를 쳤었다. 자연에 묻혀 자연의 소리를 듣고 무시로 변하는 모습을 바라보고 즐기는 시간은 행복했었다.

문명의 이기가 발달할수록 거칠고 큰소리의 소음은 공해로 이어진다. 변화무쌍한 자연의 아름다운 소리를 듣고 싶은데 사람이 쳐놓은 장막에 가려 점점 들을 수가 없다. 그러다보니 자연을 묘사하는 음악을 통해 자연의 소리를 들으려 든다.

비발디의 〈사계〉 중 〈봄〉을 들어보면, 독주 바이올린과 제1, 제2의 바이올린의 트릴기법으로 새들의 지저귐이 묘사되었다. 또한 샘물이 솟아나고 천둥 번개가 치는 소리를 많은 악기를 통해 자연에 가깝게 표현하지 않았던가. 인간이 아무리 자연의 소리를 잘 표현한다 해도 비슷할 뿐 자연을 대신할 수는 없는 노릇이다.

도심 속의 말매미 소리가 점점 커지는 이유가 다른 소음 속에 자신들의 존재감을 드러내기 위해서라고 한다. 나 또한 그리 살아온 게 아닌가 하는 생각이 든다. 우선 말이라도 바꿔야겠다. 알게 모르게 여태껏 남들의 눈살을 찌푸리게 했던 큰소리는 낮춰야겠다. 정제되지 않은 거칠고 속내를 감춘 말보다는 다소 더듬거려도 진솔한 말을 하고 싶다. 마음을 움직이는 나직한 울림의 소리를 내고 싶다.

갯버들

4월의 햇살이 내려앉는다.

겨우내 얼었던 계곡물이 고저장단에 맞춘 듯 신명나게 흐른다. 따사로운 햇살에 졸린 듯 반쯤 드러누운 갯버들이 반긴다. 모진 추위를 이겨내고 몸을 길게 늘인 갯버들이 뽀얀 솜털로 치장하고 한껏 물을 빨아올리는 중이다.

내 고향 강촌에 제일 먼저 봄을 알리는 건 강가에 늘어선 갯버들이다. 보송보송한 털을 가진 갯버들을 좋아하게 된 건 초등학교 시절 집에서 키우던 개가 없어지고 나서다. 애지중지하던 개는 하얗고 긴 털을 가졌는데 복스럽고 순해서 복실이라 불렀다. 그 개를 군대서 첫 휴가를 나온 형이 허리가 아프다는 말을 들은 막내고모부가 슬그머니 방을 나선 뒤론 다시는 볼 수 없었다.

반나절이 지나 고모부 손에 들린 새끼보엔 잿빛 솜털이 보송보송한 세 마리의 강아지가 들어있었다. 고모부는 "뭐니 뭐니 해도 어미 뱃속에 있는 새끼가 허리 아픈데 그만이여."라고 했다.

비록 말 못하는 짐승이지만 영문도 모른 채 꿈틀대는 새 생명을 끌어안고 죽어간 어미 심정은 오죽했을까. 지금 생각해 봐도 아프기만 하다. 그 충격 때문이었을까 나는 아직도 어린 생명을 보면 가슴이 아리다.

빈집을 지키다 학교서 돌아오면 겅중겅중 뛰어오르며 달려들던 충복이었다. 외톨이로 자라던 내게 유일한 친구였던 순둥이 개. 한동안 그리워하다 이듬해 겨울이 떠나갈 무렵 강가에서 피어난 버들개지를 통해 복실이를 만날 수 있었다. 보드라운 잿빛의 털을 피워낸 갯버들개지는 마치 어미 뱃속에서 가엽게 숨져간 강아지 같았다. 그 일이 있고부터 갯버들을 좋아하게 되었고 버들개지가 부풀어 오를 때면 어김없이 강가를 찾아 나서게 되었다.

남한강변은 한 해에도 몇 번씩 큰물이 나간다. 장마가 끝나면 지류가 바뀌어 자갈밭이 모래로 쌓이기도 하고 모래톱이 자갈밭으로 바뀌기도 한다. 그럴 때면 갯버들은 강한 물살에 씻긴 하얀 뿌리를 드러낸 채 끈질기고 강한 생명력을 보여준다. 그것은 마치 뱃속의 세 마리의 새끼를 살리려고 이빨을 앙다물고 버둥대다 죽어간 어미 개 같았다.

봄의 전령사인 갯버들은 냇가나 저습지에서 잘 자라며 잎보다 먼저 버들개지를 피운다. 세찬 비바람이 불어도 꺾이지 않으며, 장마로 거센 물살이 밀려오면 납작 엎드려 이겨낸다. 절대 맞서지 않고 바람이 불면 부는 대로, 물길이 흐르는 대로 굽히고 드러눕지만, 쉽게 포기하지 않으며 자연에 순응하는 길이 곧 사는 길이며, 지는 척하며 이기는 법을 일러 주는 것만 같다.

불가佛家에서는 세상의 살아있는 모든 생명은 소중하고 고귀하다고 한다. 나무 한 그루, 풀 한 포기조차 함부로 생명을 빼앗지 말라 하지 않았던가. 더구나 사람을 따르던 새끼를 밴 어미개가 인간의 오욕에 의한 희생물이라면 너무 가혹하지 않은가. 갯버들을 바라보며 인생을 배운다.

값진 선물

여행은 언제나 약간의 긴장을 동반한다. 새롭게 펼쳐질 여행지의 풍광이며 그들만의 언어와 풍습, 먹거리와 삶의 생생한 모습을 여과없이 받아들일 수 있다. 점점 메말라가는 감성에 한줄기 단비가 되기도 하고 신선한 충격으로 다가서기도 한다.

황산黃山

10년을 별렀다. 친구 다섯 가족이 여행목적으로 매달 기금을 모았다. 여행경비는 일찍 준비됐지만 바쁘다는 핑계로 이제야 떠난 것이다. 사정이야 각기 다르지만 이런저런 연유로 일터와 가정에 갇혔던 사람들이다. 일행 중에는 비행기를 처음 타는 친구도 있다.

중국황산은 공덕을 쌓아야 볼 수 있다고 했다. 운무에 덮이거나 비오는 날이 연 260여 일이나 돼 운이 없으면 앞사람 머리만 보고 오르고, 하산할 땐 앞선 이의 뒤꿈치만 보며 걷는다 한다. 그런 말을 들어서인지 케이블카를 타면서도 날씨가 좋기를 염원한다.

산을 오르면서도 어쩌면 경관을 볼 수 없을 것 같다는 가이드 말이 귀에 거슬린다. 어렵게 왔는데 황산을 못 본다는 것은 상상하기 싫었다.

깎아지른 절벽에 매달린 돌계단을 걷다보니 '쿵쿵' 울려서 겁이 났다. 여자들은 바위만 바라볼 뿐 아래쪽은 눈길도 주지 못한다. 한쪽에는 허리높이로 매어놓은 쇠사슬이 추락 사고를 막아주지만, 까마득한 낭떠러지를 내려다보면 금세 오금이 저리고 현기증이 났다. 이런 암벽에 등산로를 만들자니 얼마나 많은 희생이 따랐을지 숙연해진다. 아찔아찔한 계단을 오르자니 힘은 들었지만, 차츰 모습을 드러내는 절경이 걸음을 재촉하게 만들었다. 가쁜 숨을 몰아쉬며 걷다보니 짐꾼들은 장대 양쪽에 무거운 짐을 매달고 걷고 있었다. 맨몸으로 올라도 어려운데 짐을 지고 산을 오르자니 얼마나 힘들까. 짐꾼은 발걸음을 뗄 때마다 휘청거리는 반동을 이용해 느릿느릿 돌계단을 아래로 밀쳐내고 있었다. 군살 없는 마른 체구에 다리도 아주 가늘었다. 짐을 지고 하루에 한 번은 산에 오른다는 고단한 짐꾼의 뒷모습을 보니 연민의 정이 느껴진다.

광명정에서 바라보는 경관이 뿌옇게 보여 아쉬웠다. 이만해도 좋은 날씨라는 가이드 말에 위안을 삼는다. 눈앞에는 해발 1,873미터의 연화봉이 우뚝 서 있다. 기암괴석으로 켜켜이 둘러싸여 막 피어날 듯한 연꽃모양의 산봉우리는 웅장하면서도 신비스러운 풍경이다.

능선을 거닐다 사방을 둘러보니 천상이 아닌가 하는 착각이 든다. 억겁의 세월에 풍화된 천태만상의 바위들이 비경을 이루고 있다. 줄줄이 늘어선 산봉우리와 암벽에 달라붙은 기이한 노송은 바라볼수록 사람을 빠져들게 만들었다.

황산은 일찍이 유네스코에 등록된 세계적인 자연유산이다. 40C° 가 넘는 자연 온천, 연봉을 휘감아 출렁이는 운무의 바다 운곡雲谷이 있다. 솔잎은 촘촘하면서도 짧지만 잘 키운 분재 같은 송곡松谷도 있다. 북쪽으로 끝없이 펼쳐진 하얀 구름바다 북해北海를 4대 절경이라 일컬을만하다.

황산은 천혜의 비경을 이룬 명산이기에 명나라 지리학자인 서하객은 30여 년간 중국을 돌아보고는 '황산에 오르고 나니 천하에 산이 없더라登頂黃山 天下無山.'며 극찬했단다. 그런 말이 없다 한들 산을 올라보면 탄성을 지르지 않을 이 누구란 말인가.

75세의 등소평이 황산에 올라 비경에 찬탄하며, 이 아름다운 황산을 중국인만 봐서 되겠냐는 말을 했단다. 이후 깎아지른 절벽에 수천 개의 돌계단을 만들었고, 대형 케이블카를 설치했으며, 해발 1,600미터의 고산에 호텔도 지었다고 한다.

우리나라도 국립공원에 설치하려는 케이블카로 환경단체와 국립공원공단이 대립을 하고 있다. 물론 얼마간의 환경훼손은 불가피하지만 내외국인을 유치하려면 설치가 타당하다고 본다. 황산도 케이블카가 없었다면 수많은 관광객을 유치하기 어려웠을 것이다.

많은 인구와 거대하지만 가난한 대륙에 자본주의를 접목시켜 강국의 반열에 올려놓은 등소평. 그의 혜안과 결단이 오늘의 강한 중국을 만들었다는 생각을 해본다.

중국의 국산國山이라 불리는 황산도 보존을 위한 노력이 가상했다. 수백 명에 달하는 청소원을 배치하여 청결한 산으로 관리하며, 호텔의 필요물자도 짐꾼에 의해서만 운반된다. 그들이 흘리는 땀이 있기에 소중한 자연을 손상시키지 않고 관광객들에게 편안한 숙식을 제공할 수 있는 것이다.

눈을 감아보지만 비경에 취한 머릿속은 한낮에 보았던 필름을 되돌리며 잠을 밀어내고 있다. 짙은 운무로 지척을 분간할 수 없는 으슥한 산정의 까만 밤, '윙윙' 울어대는 바람소리조차 정겹게 들려온다.

황산에서 곤히 잠든 아내를 꼭 안아본다.

통 큰 안주인

고향이라도 방값을 치러야 잘 수가 있다. 예약을 하느라 두세 번 통화했는데 경상도사투리의 안주인은 시원시원하고 거침이 없다. 뭔가 잘 통할 것 같다는 생각이 든다. 비수기라지만 큰방 두 개가 필요해 20만 원을 예상했는데 15만 원이라니 횡재한 기분이다.

물 맑은 엄둔천, 법흥천은 휴가철이면 많은 피서객이 몰려온다. 고기와 다슬기도 잡고 물놀이하기 좋은 곳이라 즐겨들 찾는다. 그런 연유로 고향 여기저기에는 펜션이 들어섰다. 친척이나 친구 대부분이 고향을 떠났기에 모처럼 찾아도 하루를 묵으려면 모텔이나 펜션을 찾아야 한다. 고향의 정취를 느끼고 싶지만 도리 없이 숙박업소를 찾는 게 유쾌한 일은 아니다.

차 소리에 달려 나온 여주인은 "목소리와 생김새는 영 딴판이지요."라며 멋쩍은 듯 씩 웃는다. 일성이다. 얼핏 봐도 사십대 후반으로 보인다. 딱히 예쁜 얼굴은 아니지만 까무잡잡한 피부는 건강미가 넘쳤다. 내리는 짐들을 옮겨주고 요리할 것들을 챙기던 안주인은 아시로 삶아 플라스틱 박스에 담겨있던 보양식의 냄새를 맡아보더니 전문가 솜씨라며 치켜세운다.

은행나무펜션의 널찍한 방이 우선 마음에 들었다. 찾아올 손님들을 위해 곳곳에 준비해둔 물품들이 주인의 마음처럼 넉넉했다. 오죽하면 "다 챙겨 오시면 제가 할 일이 없씸니더."라면서 부족한 것, 빼먹고 온 것은 다 얘기하라며 양념들을 넉넉하게 내준다. 종이컵, 일회용접시, 믹스커피가 들어있는 수납장의 서랍을 열어 보이며 필요한 게 있으면 얼마든지 사용하라며 웃는다. 검게 그을린 얼굴에 하얗게 드러난 고른 이가 그녀의 성격처럼 곱다.

비가 내려 가슴까지 자란 고추밭에 들어가려면 옷도 젖고 귀찮을 텐데도 금방 딴 고추를 한 바가지 내밀며 먹어보라고 한다. 물론 돈을 받고 방을 내줬으니 그쯤이야 뭐 대수랴 할 수도 있겠지만 그렇게 베풀기도 결코 쉽지 않은 일이다. 각종 일회용품도 다녀간 손님들이 주고 간 것이라 자기는 생색만 낼 뿐이라며 겸손해 했다. 가져간 술이 모자라 오 리나 떨어진 주천으로 사러 간다고 하니 자기 집에 사다 놓은 것이 있으니 가져가란다. 그것도 한두 병도 아닌데다 사온 원가로 먹으란다.

해마다 전국을 돌아다니며 펜션이나 콘도형민박을 이용해 봤지만 이렇게 여행객을 편하게 대해주는 곳은 없었다. 많은 사람들이

입소문을 듣고 찾아오게 만드는 전략이야말로 고객중심의 사고에서 나온 고단수의 상술일 수도 있다. 하지만 어떠랴, 싸고 편하며 즐거우면 될 일인 것을.

어딜 가도 여객터미널 근처의 음식점은 메뉴가 아주 다양하다. 많은 사람들이 오가는 길목이라 그들의 기호에 맞추기 위한 방법이지만 음식을 먹고 나면 대부분 유감스럽게도 맛있다고 느껴지질 않는다. 단골고객이 아니라 스쳐가는 손님이라 음식과 서비스에 정성을 들이지 않기 때문이 아닌가 싶다.

펜션업도 마찬가지다. 눈앞에 보이는 이익을 멀리하고 본심으로 손님을 맞는 게 얼마나 어려운가. 사람은 귀소본능에 충실하다고 한다. 음식점이든, 숙박업소이든 처음 가 본 업소에서 뭔가 속았다거나 불쾌했다거나 상상 이하의 대접을 받았을 때를 제외하곤 다시 그 집을 찾아가려고 한다. 맛이 좋았거나 서비스와 시설이 좋았다면 반드시 찾는 것은 당연지사다.

호의를 베푼 사람은 소소하다며 기억조차 못하는 것이라 해도 받은 사람은 오래도록 기억한다. 집에서 쓰지 않는 비누며 샴푸, 린스 등 생활용품을 챙겨본다. 그곳으로 보낼 참이다. 무시로 드나드는 누군가가 사용하면 좋겠다.

오는 줄도 모르고 왔다 가는 줄도 모르게 가는 인생이다. 인연이 뭐 별것이던가. 베푸는 행복을 펜션주인을 통해 배웠다. 뚝배기보다 장맛이라 하지 않았던가. 고향에 갈 때면 경상도에서 시집온 손

아래 제수 같은 은행나무펜션으로 발길이 끌린다. 구수한 사투리에 인정 많고 시원시원한 통 큰 안주인이 있어서 더욱 그렇다.

팍상한의 사공

거센 물살을 거슬러 오른다. 어깨 넓이보다 조금 낙낙한 카누에 몸을 밀착하고 노 젓는 사공의 근육이 꿈틀대고 터질 듯 핏줄이 일어선다. 날렵한 카누는 도저히 깊이를 가늠할 수 없는 희뿌연 석회석물을 가른다.

폭포까지는 한 시간 이상을 가야 한다는 가이드의 설명이다. 힘겹게 앞뒤에서 노를 젓는 사공의 모습과 스쳐가는 자연의 신비스러움이 하나의 자연으로 동화된다. 카누가 오르는 협곡은 지진에 의한 지각변동으로 커다란 바위산이 큰 칼로 자른 듯 절개돼 있다. 좁은 곳은 불과 채 50미터도 안 될듯 느껴진다.

양쪽으로 늘어선 암벽이 절경이다. 사람의 손길이 닿을 수 없는 천혜의 원시림이 눈에 들어왔다. 이름은 모르지만 곧은 칡넝쿨처럼 쭉쭉 뻗은 뿌리며 열대식물들이 미풍에 이파리를 흔들며 이방인들을 반겼다. 석회석물이 휩쓸고 내려가는 계류 한쪽에는 커다란 부레옥잠군락이 보였다. 실내장식으로 오지그릇에 담겨있던 부레옥잠만 보다가 자연으로 서식하는 군락을 보니 그 크기와 규모에 놀라지 않을 수 없다.

급류를 거슬러 오르려니 사공들은 잠시도 쉴 짬이 없다. 노 젓기를 쉰다는 것은 카누를 급류로 떠내려가게 만드는 꼴이다. 끊임없이 노를 젓다가도 물살이 더욱 거세지면 아예 내려서 나무에 매어 놓은 밧줄을 끌어당기거나 한쪽 발로 바위를 힘겹게 밀어내며 계곡을 올라갔다. 바위가 많고 오르내리는 배들이 많아 대기를 할라치면 물도 없는 곳에 걸쳐둔 파이프 위로 끌고 올라갔다.

제일 먼저 출발했던 내가 탄 카누는 뒤늦게 출발한 젊은 사공이 탄 배들에게 선두와 좁은 자리를 내주며 뒤처지고 있었다. 주름진 얼굴에다 앞니가 한두 개씩 빠진 불혹의 사공들이 안쓰러웠다. 그들은 뒤처지는 게 미안해 연신 머리를 숙인다. 마음이 짠하다. 비 오듯 땀을 흘리면서 애쓰는 모습을 보니 좌불안석이다. 미안한 마음에 내려서 걷고 싶어 손발짓으로 내리겠다고 하면 한사코 손사래를 저었다.

두 시간이 넘는 고된 노동의 대가가 궁금했다. 우리 내외가 지불한 돈은 40불이지만 순수하게 그들에게 돌아가는 수고비는 과연 얼마나 될까.

팍상한의 사공을 바라보자니 고향 앞을 흐르는 강에서 손에 못이 배기도록 줄을 당겨 강을 건너다니던 뱃사공 금섭이 아버지가 생각났다. 그의 자부심은 대단했다. 술이라도 한잔 걸치면 "내가 없으면 아무도 못 건너 다녀."라며 큰소리를 쳤다. 봄부터 가을까지 나룻배로 강을 건네주고 일 년 뱃삯으로 받는 것은 한 집당 강냉이 두 말이었다.

잔잔한 고향 강에 비해 거센 물살을 거슬러 올라야 하기에 잠시도 노를 쉴 수 없는데도 불구하고 사공들이 받는 돈은 얼마 되지 않을 듯싶다.

대나무뗏목이 부서져라 굉음을 내며 상상을 초월한 엄청난 양과 90미터의 낙차로 쏟아지던 파상한 폭포. 그 안을 통과해 돌아 나오는 몇 분의 짧은 시간이 길게 느껴졌었다. 온몸이 소름이 쫙 돋아나고 눈을 뜰 수도 숨을 쉴 수도 없는 공포감을 맛보았지만, 파상한이 아니면 경험할 수 없는 체험이었다. 쏟아지던 엄청난 물이 강물도 바닷물도 아닌 석회암에서 뿜어져 나온다니 좀처럼 믿기질 않았다.

특별한 추억이 된 폭포체험관광은 웃으면 잔주름이 자글자글하고 앞니가 빠진 두 명의 뱃사공 덕이었다. 애잔함 때문인지 강렬한 눈빛의 힘이 넘치던 젊은 사공들보다는 연륜이 있는 뱃사공들이 오래도록 기억에 남았다. 비록 힘은 달리고 까맣게 탄 얼굴과 몸이었지만 노동의 대가로 받는 수고비를 벌기 위함만은 아닌듯했다. 수천 번을 오르내린 경륜을 토대로 찾아온 낯선 이방인들이 파상한을 관람하는 데 불편함은 줄이고 안전하게 모시겠다는 나름의 장인정신이었다.

파상한 폭포의 사공, 그들이 있어 행복했다.

순천에서 오는 택배

전화벨이 요란하다. 가슴이 철렁 내려앉는다. 오랫동안 뇌졸중으로 고생하는 장인어른이 계서 밤에 걸려오는 전화는 극도로 긴장하게 한다. 불안한 마음으로 수화기를 들었다.

"여보세요."라고 하니 편찮으신지 기어드는 목소리가 들려온다. "여보시우." "예 장모님, 저 변 서방입니다." 이렇게 시작된 통화는 한동안 이어졌고 내용인즉 순천 처가에서 김장김치를 보냈다는 말씀이다.

"에미가 많이 보내지 말래서 쪼께 보냈승게 그리 알게. 그리고 자주 봉지를 열어 김치를 꺼내먹으면 맛이 없어지지라." 장모님의 쪼께는 말씀뿐이지 택배를 받아보면 크기에 놀랄 뿐이다.

손수 담근 젓갈로 버무린 맛깔스러운 배추김치, 입맛을 돋우는 고들빼기김치, 톡 쏘는 맛이 일품인 갓김치, 살 오른 굴비 한 두름,

꾸덕꾸덕하게 말린 가오리 한두 마리도 넣으셨을 게다. 당신도 사드시는 고춧가루며, 몇 시간을 지켜있다 짠 참기름도 소주병에 담아 보냈을 것이다. 이런 생각이 들면 죄스럽고 감사한 마음에 늘 "고맙습니다."라는 말끝은 흐려지기 마련이다.

낮에는 종일 빈집이라 동네미장원을 택했다. 온 가족이 단골인데다 아내와 자매처럼 지내는 곳이라 택배 수신지는 언제나 그곳이다.

심리적변화가 심한 아이들보다 어른들을 모시기는 쉽다. 맏사위라 어른들이 불편해 하고 필요로 하는 것을 조금 더 챙기고 보살펴 드리는 편이다. 그런 게 고마우셨던 어른들은 작은일 큰일 가릴 것 없이 맏사위만 찾으셨고 뭐라도 더 챙겨 주려고 애쓰셨다. 맛난 반찬조차도 가까이 놓아 주시니 동서나 처남들 보기가 민망했다.

큰아이가 첫돌을 지날 무렵 뇌출혈로 쓰러진 장인어른은 한쪽 눈을 실명한 국가 유공자다. 반신마비가 된 분을 당신의 몸에 밀착시키고 힘겹게 20년째 비가 오나 눈이 오나 어둠을 가르며 새벽기도를 다니는 권사님이시다.

설 명절에는 새벽기도를 가는 두 분을 지켜 본 적이 있었다. 몸이 불편한 환자를 끌어안고 어깨동무를 한 채 비틀거리며 걸어가는 모습이 어찌나 불안하고 안쓰러운지 목울대가 뻐근해졌다. 자식된 도리를 제대로 못하는 것 같아 죄송스러웠다.

저 어른이 아니면 누가 장인을 모실 수 있을까? 긴 병고에 남은 눈마저 실명하셨고, 입안에서 뱅뱅 도는 말도 다른 가족은 알아듣기 어렵다. 환자보다 장모님의 건강이 더 염려스러운 건 아무리 자식이 다섯이라도 장모님처럼 편안하게 간병을 할 수 없을 것 같아서다.

내일이면 도착할 택배를 풀어보는 마음은 언제나처럼, 죄송스러울 뿐이다. 고달픈 간병을 하면서도 자식들 입에 들어갈 걸 염려해 김장을 해서 보내신다. 젓갈을 많이 쓰는 전라도 김치, 아무래도 따뜻한 남쪽이라 짭짤하고 매콤하다.

택배가 도착하고 나서 전화를 해보면 어김없이 몸살을 앓으신다. 당연지사다. 병수발도 힘들고 어려운데 김장까지 혼자 하셨으니 몸살이 나고도 남는다. 그러나 목소리는 밝으셨다. 보내준 김치로 한동안의 염려가 사라진 탓일 게다. 당신의 김치가 없으면 자식들이 맨밥을 먹는 것 같다던 장모님이시다.

효가 무엇인가를 생각해본다. 과연 어른을 편히 모시는 게 효도일까. 아니다. 어른들을 즐겁고 보람있게 해 드리는 것이 진정한 효라는 생각이다. 자식을 위한 고단한 일상도 보람으로 느끼신다면 그것이 진정한 효다. 철없어 부모님 생전에 해드리지 못한 효를 장모님께 할 수 있는 것만도 다행스런 일이다.

해가 갈수록 간이 맞지 않는 것이 마음에 걸린다. 안쓰럽다. 나이가 들면 간을 보고 맞추는 것도 쉽지 않은가 보다. 하지만 작년에 비해 짜거나 조금 더 짜면 어떠랴. 힘은 부치겠지만 내년에도 김장을 담가 보내 주시면 좋겠다.

믿는 게 대감뿐이라고 매년 김장을 보내주는 장모님 덕에 아내는 아직도 김장을 담그지 못한다.

미장원으로 배달되는 택배를 받는 손이 염치없고 부끄럽지만 장모님의 김치를 먹고 싶은 걸 어쩌랴.

신음하는 나무들

영동의 포상봉을 오르다 생경한 광경에 놀랐다. 마치 집중치료실의 환자처럼 나무마다 호스를 치렁치렁 매달고 있었다. 고로쇠나무였다. 그리 굵지도 않은 밑둥에는 서너 개의 호스가 꽂힌 채 수액을 강탈당하고 있었다.

몇 해 전이다. 멀쩡하게 살아있는 곰쓸개에 호스를 꽂고 웅담을 뽑아내던 끔찍한 영상이 텔레비전에 방영되었다. 보신을 위한 끝없는 인간욕구의 제물이 된 곰을 보는 순간, 인간이라는 게 부끄러웠다. 말 못하는 짐승이지만 얼마나 고통스러울까. 이보다 인간이 더 잔혹할 수 있을까, 온몸에 소름이 돋았다. 많은 사람들의 분노를 샀던 곰에 대한 만행이 수액을 채취당하는 고로쇠나무와 겹쳐진다.

고로쇠수액이 몸에 좋다고 매체를 통해 선전을 한다. 처음에는 뼈에 이로운 물이라 하여 골리수라 불리다가 세월이 흐르면서 고로쇠라 부른다고 한다. 관절염, 신경통에 좋으며 이뇨작용을 도와주므로 체내 노폐물 제거에 어느 정도는 효과가 있다고 한다. 또한 확실한 근거는 없지만 당뇨나 위장병에 좋다는 얘기가 돌면서 수요가 급격히 늘어나고 있다.

사람들은 입증되지 않은 효능을 맹신하며 일단은 먹고 보자는 심리에 의해 공급은 늘게 마련이다. 수요와 공급의 시장원리에 의해 불법채취가 이어질 것이라는 생각이 든다. 수액은 나무에겐 사람의 피와 같은 존재가 아니던가. 건강한 사람도 1,500CC이상의 피를 흘리면 생명을 잃듯 고로쇠수액 채취도 적정량을 넘어서면 심한 열병을 앓거나 고사할 거라는 생각이 미치자 매달린 호스들을 전부 뽑아내고 싶어졌다.

살면서 알게 모르게 혼탁해지고 스트레스가 쌓인 마음을 씻어내고 풀려고 찾아온 산인데 고로쇠나무를 본 이후부터는 산행이 전혀 즐겁질 않았다. 걸음걸음마다 나무의 신음소리가 등산화에 묵직하게 달라붙는다.

하산 길에 만난 수액을 채취하는 주민의 말을 빌리면 고로쇠는 철저하게 위생적으로 관리하고 적정량을 채취해 생장에는 전혀 지장이 없도록 한단다. 하지만 믿을 수가 없다. 공업용호스를 사용해 이미 위생은 물 건너갔고, 나무와 나무 사이를 거미줄같이 서로 연결해 놓은 몇 백 미터나 되는 긴 호스에서 어느 나무에서 얼마를 채취했는지는 알 길이 없지 않은가. 적정량이라는 것도 이미 정해진

멘트용 말일 뿐이다. 수액을 채취당하는 고로쇠나무들의 울부짖는 소리가 귀에 쟁쟁하다.

관계기관은 수액채취에 대한 관리감독을 철저히 해줬으면 좋겠다. 고로쇠수액도 꼭 필요한 사람만 음용했으면 한다. 몸에 좋으면 얼마나 좋을까. 지속적인 적당한 운동과 밝고 건전한 마음가짐과 우리 땅에서 기르고 재배한 먹을거리가 건강을 지켜주는 길인 걸 모르는 이 없을 텐데 안타깝다.

많은 사람들이 가당찮게 무병장수를 원한다. 해가 갈수록 수명연장이 되는데도 불구하고 어떤 사람은 불로장생을 꿈꾸기도 한다. 이것은 타당성 이전의 열망이며 삶의 본질과도 상관이 없는 본능적 욕구일 것이다. 또한 인류의 끊임없는 관심거리이며 미완의 연구과제로 남을 것 같다는 생각이다.

며칠 전 지리산자락에 있는 지인에게 전화를 받았다. 고로쇠 수액을 보내주겠노라 한다. 사양해야겠는데 마땅한 말이 떠오르지 않아 끙끙대다 고맙지만 비위가 약해 못 먹는다고 했다. 전화를 끊고 나니 호스를 주렁주렁 매달고 수액을 채취당하던 고로쇠나무가 눈에 선하다. 그 광경을 목격하고 어찌 수액을 목으로 넘길 수 있을까.

아직도 나무의 신음소리가 귓전에 쟁쟁한데.

할머니의 집

만나는 사람마다 살기가 어렵다고 한다. 여론조사에 의하면 안타깝게도 응답자의 65%가 희망 없이 산다고 한다. 희망 없는 삶이 활력이 있을 수 없고 즐겁고 행복할 리는 더더욱 없다.

아파트주차장에 차를 세우고 나서는데 할머니가 사내아이를 업고 있었다. 얼핏 봐도 칠순을 훨씬 넘긴 듯 한 왜소한 노인이었다. 등이 잔뜩 굽어 고개를 들지 않으면 하늘을 볼 수도 없을 것 같다. 그런 등에서 몸을 뒤로 젖히며 버둥대는 아이의 몸짓에 따라 할머니도 흔들렸다. 아이 얼굴은 온통 눈물범벅이다. 출근하는 엄마를 따라 가려고 떼를 쓰다 억지로 떨어진 것 같았다. 부득이한 선택이었겠지만 할머니를 보자니 가슴이 짠해졌다.

맞벌이였던 우리 부부도 오래전 엄마와 떨어지지 않으려는 첫아이와 아침마다 전쟁 아닌 전쟁을 치러야 했다. 어르고 달래며 억지로 아이를 떼어놓고 출근을 하면 근무를 하면서도 아이가 떠올라 일손이 잡히질 않았다.

가난의 불편함과 고통을 많이 겪었기에 대물림은 하지 말자고 아내와 약속했다. 기혼여성의 근무에 냉담했던 1980년대 초, 아내의 직장에서는 결혼을 한 달 앞두고 통근하기 어려운 먼 곳으로 발령을 냈다. 이런저런 사유를 붙였지만 속이 들여다보이는 치졸한 술수였다. 첫 아이를 가진 아내는 남산만 한 배를 안고 시외로 통근을 했다.

아이를 낳고서도 시련의 연속이었다. 어쩔 수 없이 아이를 돌봐줘야 하는 칠순이 가까웠던 어머니는 당시 퇴행성관절염으로 고생하셨다. 아파트 5층을 걸어서 오르내리는 고통을 당시에는 헤아리질 못했다. 철없고 생각이 짧았던 우리 부부는 용돈을 한 번도 넉넉하게 드린 적이 없었다. 몇 푼 드린다 해도 아이의 군것질과 보따리 장수에게 사 입히던 옷값으로 들어갔다.

어느 겨울날, 퇴근을 하면서 큰댁엘 가보니 어머니 얼굴에 큰 상처가 나 있었다. 아이를 업고 길 건너 밭에 가셨다 앞으로 엎어지셨단다. 꽁꽁 언 땅에 뒷짐을 지고 앞으로 엎어지셨으니 온전할 수가 없었다. 얼마나 절박하고 힘들었을까. 온 힘을 다해 일어서려고 용을 쓰는데 아이는 등에 업힌 채 깔깔대며 웃더라는 얘기를 듣자 가슴이 터질 것 같았다.

내 안에 가득한 욕심 때문에 어머니께서 고통당하고 아내와 아이까지도 고생하는 것 같아 가슴이 아팠다. 하지만 멈출 수 없었다. 가난의 굴레를 벗어나기 위해서였다. 당장이야 힘들지만 커가는 자식들이 재능을 보이면 끝까지 지원을 해주고 싶었기에 참아야 했다.

귀엽지만 아이 보기를 힘겨워하시던 어머니는 아이를 업은 채 엎어지고 난 뒤 채 한 달이 못돼 이승의 끈을 놓으셨다. 나중에 알게 된 일이지만 어머니는 그때 발을 헛디딘 게 아니라 잠시 뇌경색이 온 것이었다.

흔히들 쉽게 내뱉는 소리로 돈이 전부가 아니라고 한다. 하지만 돈 때문에 겪는 불편과 고통은 헤아리기가 어렵다. 나날이 변하는 시대를 살다보니 예전에는 없었던 지출이 많이 생겼다. 자동차며 휴대폰 등 문화적 혜택을 누리며 살아야 하기에 생활비는 더욱 늘어난다. 추구하는 삶의 질이 높아 갈수록 씀씀이는 커지게 마련이고 그러다 보니 일터로 나서야 하는 주부들은 아침마다 아이를 떼어놓느라 전쟁을 치른다.

헝클어진 백발의 할머니가 힘겹게 아이를 업고 발걸음을 옮기던 모습은 내 어머니와 등에 매달려 살던 혼기가 꽉 찬 큰아이의 잔상으로 떠오른다. 해가 갈수록 몸이 무거워지고 아픈 노인들. 자식들 처지는 뻔한데 남의 손에 핏줄을 맡기기는 싫고, 돌봐 준 공도 없고 일보다도 더 힘들다는 아이를 봐줘야 하는 할머니들은 짐을 하나씩 지고 살아간다. 머지않아 아내는 할머니가 되어 손자를 봐줘야 할 날이 코앞이다.

값진 선물

명절이면 꼭 인사를 드리는 곳이 있다. 꽤나 오래된 것 같은데 해가 갈수록 찾아 뵐 어른이 줄어드는 게 안타까울 뿐이다. 대부분 집안어른이며 팔십을 바라보는 이모님, 외숙모님, 아흔을 앞둔 고모님이다. 시골에서 두 분이 의지하다 외숙을 먼저 보낸 외숙모는 독거노인이다. 자식들이 있지만 그곳이 편하다며 외숙의 손때가 배어 있는 시골집에서 이웃노인들과 벗하며 사신다.

안병욱 선생은 〈오직 하나뿐인 이 생명을〉에서 "산다는 것은 애정愛情의 수수授受행위다. 인간에게서 정情처럼 고맙고 정처럼 흐뭇한 것이 없다. 사람에게는 정이 있고 그래서 인정이라고 했다. 인정이 없는 사람은 참된 사람이 아니며, 인정이 메마른 사회는 인간다운 사회가 아니다."라고 했다.

예전에는 작은 것 하나라도 이웃과 나눴다. 그래서 함께한 이웃과 정이 들었고 정이 있어 따뜻했었다. 주거문화가 주택에서 아파트로 바뀌면서 단절된 독립성에 길들여진 우리는 소통과 나누는 것에 인색해졌다. 앞집만이라도 정을 나누고 살았으면 좋겠다.

지난 설에는 영동곶감으로 선물을 했다. 해마다 선물을 고를 때면 한동안 고심하지만, 이번에는 고운 때깔에 말랑말랑하고 맛나게 생겨 노인들한테는 아주 좋을 것 같았다.

선물은 주고받으면서 부담이 없어야 한다. 주는 사람의 정성이 들어가 있고 받은 사람이 요긴하게 쓸 것이어야 좋다. 따라서 가치를 떠나 우선 선물을 하는 사람의 따뜻한 마음이 들어 있어야 한다.

체면과 겉치레를 중시하는 우리보다 그런 면에선 일본인들이 나은 것 같다. 전 직장에서 해외장비의 검수와 기술연수업무를 수행하다 보니 일본을 자주 드나들었고, 그때 목격한 일본사람들은 아주 실용적인 일상생활용품으로 선물을 주고받는 것을 보았다.

우리 정서상으로는 보잘 것 없는 식용유 한 병, 두세 장 들어있는 비누, 치약 등을 주고받으며 "토우모 아리카또우."를 외치며 허리를 굽혀 감사해 한다. 우리처럼 값비싼 선물을 주고 부담을 느끼는 것보다는 생필품으로 부담 없이 주고받는 것이 그들의 문화인 듯했다.

오랜만에 찾아주는 사람을 반기는 외숙모는 아픈 다리를 끌며 나오셨고 나는 일상적인 언어로 대화를 하고 있었다. 어디 불편하신 곳은 없나, 외사촌들은 다녀가나, 전화라도 자주 오냐고 물었고, 자식 흠 잡히기 싫은 외숙모는 좋은 쪽으로만 말씀하신다. 방은 냉기가 돌았다. 기름을 아끼느라 보일러를 꺼놓고 아랫목에 작은 요를 깔아놓은 걸 보니 마음이 아팠다.

"외삼촌 돌아가신 지 십 년도 넘었는데 뭐 하러 자꾸 와."라며 성화를 대면서도 어느새 장롱 문을 열고 까만 비닐봉지 하나를 꺼내신다. 주섬주섬 꺼내는 그 안에는 여성용 내의, 노란 스타킹과 까만 양말 두 켤레가 들어있었다.

"이거 질부姪婦갖다 줘, 얇은 거라 젊은 사람 입어도 돼. 자네 것은 양말로 샀어." 하신다. 그러시며 공중 화장실 같은데서 쓰는 커다란 두루마리 화장지 한 개를 꺼내들고는 애들 방에 걸어 주라고 하셨다.

한사코 사양했으나 그것도 예의가 아닌 듯싶어 받아들었다. 퇴행성관절염으로 걷기도 매우 불편한 분이시다. 지팡이에 몸을 의지하고 절뚝거리며 빙판길을 걸어서 꼬깃꼬깃한 쌈짓돈으로 준비한 선물은 가치로 환산할 수 없고 무엇과도 바꿀 수없는 값진 선물이었다.

어렵게 한걸음씩 떼는 외숙모의 지팡이에 홀로 사는 노인의 고단함과 외로움이 따라붙는다. 먼 훗날 내 모습일지도 모른다는 생각을 해본다. 명절 잘 보내시라는 인사를 하고 대문 밖을 나서니 뿌연 하늘에서 힘없는 겨울햇살이 자동차 보닛 위로 떨어진다. 콧등이 찡하고 시야가 흐려진다. 내년 아니 내후년 설에도 찾아뵐 수 있기를 기원해본다.

외숙모의 까만 비닐봉지를 펴본다. 가슴이 따뜻하다.

가슴이 따뜻한 사람들

여행은 언제나 약간의 긴장을 동반한다. 새롭게 펼쳐질 여행지의 풍광이며 그들만의 언어와 풍습, 먹거리와 삶의 생생한 모습을 여과 없이 받아들일 수 있다. 또한 도심 속에 살면서 점점 메말라가는 감성에 한줄기 단비가 되기도 하고 신선한 충격으로 다가서기도 한다.

맞벌이라 경제적인 측면에서는 도움은 되지만 스트레스 역시도 배로 받기에 그것을 해소하는 방법으로 매년 3~4회에 걸쳐 여행을 떠난다. 흔히 여행이라 하면 돈 많고 시간이 많은 사람들이 즐기는 것이라고 생각하기 쉽다. 그러나 꼼꼼하게 챙기고 준비해 가면 적은 비용으로 얼마든지 알차게 즐길 수 있다.

특별한 사정이 없는 한 거르지 않고 쭉 이어져온 여행이지만 행선지 선정은 한동안 고심을 하게 된다. 그렇게 다녀온 여행 중 인상

깊었고 다시 찾고 싶은 곳이 바로 구룡포해수욕장을 지나 조금 안쪽으로 들어가는 작은 바닷가 마을이다.

새해맞이 해돋이 관광으로 유명한 호미곶 근처라 여행시기로는 3~4월이 적기다. 바닷가 작은 횟집에서 저녁을 먹고 잠을 자는 조건으로 하루에 이삼만 원을 주면 쉴 수가 있다. 호텔이나 모텔보다는 약간의 불편함은 따르지만 마음은 훨씬 편하다.

숙소 앞 도로만 건너면 바다다. 잠을 청하려고 누워있노라면 철썩이는 파도소리와 쫘르르 구르는 조약돌소리가 애잔하게 가슴을 파고든다. 마음은 낯선 여행지에서 들려오는 소리들을 즐기고 싶은데 여독은 이내 무거운 눈꺼풀을 내려놓고는 훌쩍 떠난다.

바닷가의 아침은 부지런한 갈매기들이 물고온다. 싸한 새벽공기를 맞으며 수평선을 바라본다. 꽉 눌려있던 가슴이 뻥 뚫린다.

어둠을 끌어안은 새벽바다를 붉게 물들인 채 타오르는 태양을 보노라면 탄성이 터진다. 대자연의 섭리에 절로 숙연해진다. 산 정상에 오르거나 이렇듯 바닷가에서 장엄한 일출을 볼 때면 나라는 존재가 너무 작게만 느껴진다. 치열한 삶 속에 묻혀 잃어버렸던 나를 다시 찾는 듯하다.

일출의 장관을 가슴에 담고 나면 작은 포구에는 서너 척의 고깃배가 들어오고 그물에 걸린 고기를 떼어 낸다. 계절별로 잡히는 고기가 다르다고 한다. 때로는 큰 대게가 걸리기도 하고, 주둥이가 뾰족한 학꽁치가 잡히기도 하는데, 오늘은 푸른빛이 선명하고 은빛비늘을 자랑하는 고등어만 잔뜩 걸려 있다.

새벽인데도 고기를 골라 담으며 나누는 포구 아낙들의 억센 사투리가 정겹다. 상품으로 선별된 생선을 제외하고는 동네 분들이 고루 나눠서 돌아간다. 이렇듯 서로 돕고 나누는 게 아름다운 사람들의 사는 모습이 아닐까. 모여든 몇 마리 동네 개들도 잡어 한두 마리를 물고 어디론가 사라지는 그야말로 사람 사는 냄새가 나는 곳이다.

구룡포로 나오는 길에 마을 어귀에서 백발 노인부부가 손을 든다. 손에는 장바구니가 들려져있다. 그 안에는 알록달록한 털을 가진 복스러운 강아지 세 마리가 있다. 고개를 내밀고 장난을 치는 모습들이 귀엽다. 흔쾌히 차를 세우고 태워드렸다.

"아이구 고맙소, 이렇게 태워주니."

바로 앞서 지나간 승용차 두세 대는 아마도 그냥 지나치는 것 같았다. 두 분을 태워드릴 자리가 없어서 그랬을 것이라고 믿고 싶었다. 구룡포로 이동하는 도중에도 노부부는 차를 태워 드린 것이 그리도 고마운지 연신 고맙다고 하셨고 여름휴가 때 근처에 오면 집에 꼭 들르라고 몇 번이나 당부를 하신다.

손을 들고 차를 세우던 곳에 있는 파란 양철 지붕이 바로 그분들이 살고 계시는 집이란다. 마침 그날은 구룡포 장날이라 얼마 안 되는 돈이지만 저놈들을 팔아 쓰시려고 하는 것 같았다. 딸애의 머리를 쓰다듬어 주시던 할머니에 명주실 같은 머리카락과 깊게 파인 주름은 얼핏 봐도 팔십이 가까워 보였다.

"이놈 한 마리 줄 테니 가져다 기를래?" 이렇게 말씀하시던 할머니는 못내 고맙고 미안한 마음뿐이신 것 같다.

구룡포에 내려 드리고 출발을 했다. "고맙수, 젊은이."를 연발하시며 차가 멀어질 때까지 구부린 허리로 손을 흔드시던 두 분 모습이 아직도 눈에 선하다. 자식들은 모두 도시에서 산다고 하던데 잘 찾아뵙기나 하는 건지, 유독 가슴이 따뜻한 두 분, 오래오래 아프지 마시고 편안하게 살다 가셨으면 좋겠다는 기원을 해본다.

구룡포는 이렇게 아름다운 자연과 가슴이 따뜻한 사람들이 어울려 사는 곳이다.

자연의 경고

성난 검은 물살은 거침이 없었다. 닥치는 대로 부수고 밀치며 덮친다. 상상도 못한 일이 눈앞에 펼쳐진다. 속보를 전하는 화면은 경악과 허망함뿐이다. 일본 동북부해안에서 발생한 강도 9.0의 거대한 자연재앙에 인간이 자랑하며 쌓아올린 문명은 사상누각이었다.

숨이 막힌다. 말도 나오질 않는다. 30미터가 넘는 쓰나미에 고물고물 움직이는 자동차들을 보니 애가 탄다. 기를 쓰고 달리지만 쓰나미를 당할 재간이 없다. 황망히 자동차문을 열고 뛰어가던 사람들이 차와 함께 순식간에 사라졌다. 더 이상 볼 수가 없었다.

〈일본침몰〉은 일본열도가 40년 안에 침몰한다는 발표로 공황에 빠지는 자연재앙을 다룬 영화다. 히구치 신지감독은 일본에 닥칠 대재앙을 예견했을까.

윤제균 감독의 〈해운대〉도 천만 명이 넘는 관객을 동원했다. 〈해운대〉를 볼 때만 해도 영화는 영화일 뿐 현실과는 동떨어졌다고 생각했었다.

점점 잦아지고 더 크게 발생하는 재해를 바라보면 걱정스럽다. 환경오염에 의한 온난화로 빙하와 만년설이 녹는 재앙은 인간의 욕구로 자초한 셈이다.

이십여 년 전이다. 자주 일본 출장을 다닐 때였다. 일의 부담으로 밤새 잠을 설쳤다. 이른 시간이라 침대에 앉아 TV를 보며 그날 처리할 업무를 점검 중 갑자기 침대가 흔들렸다. 처음에는 어지럼증인 줄 알았다. 한데 집기들도 덩달아 흔들렸다. 잠시 후 NHK방송에서 속보 자막이 나왔다. 도쿄에 진도 5.0의 지진이 발생했으니 매뉴얼에 따라 행동하라는 내용이었다.

당황스러웠었다. 불길한 예감은 두려움으로 이어졌다. 순간, 죽음을 떠올렸다. 가족들 얼굴이 스쳤다. 그 누가 눈앞에 닥친 준비되지 않은 죽음을 초연하게 받아들일 수 있단 말인가. 복잡했던 머릿속이 가라앉은 건 안심하라는 자막이 나온 후였다.

해가 갈수록 빈번하게 일어나는 자연재앙을 보면 두렵다. 23만여 명이 숨진 아이티 대지진, 8만여 명이 사망한 쓰완성과 뉴질랜드의 지진으로 엄청난 인명과 재산을 잃어야 했다. 지속적으로 이어지는 자연재해는 끝난 게 아니라 경고에 불과하며 이제 시작이 아닌가 싶다.

지난해 강원도에는 1미터가 넘는 폭설이 내렸다. 태풍도 자주 찾아온다. 올여름에 쏟아질 폭우도 걱정스럽다. 지진, 쓰나미, 태풍, 폭우, 폭설, 폭염, 혹한, 어느 것 하나 인간들이 막아 낼 방법이 없다.

내일지구가 멸망하더라도 한 그루의 사과나무를 심겠다던 스피노자는 꿈과 희망을 가지라는 메시지 외에도 먼 훗날 우리가 겪을 재앙을 예측한 말이 아닌가라는 생각을 한다.

그 어떤 예술가도 자연을 능가하는 작품을 만들 순 없다. 시시각각 달라지는 신비로운 자연의 아름다움을 흉내만 낼 뿐이다. 그런 자연을 보존해야 함에도 심각하게 훼손시키는 오만한 인간에게 경고를 하는 것이다.

지진에 의한 쓰나미가 몰려오니 인간들이 그렇게 자랑하던 비행기며, 자동차, 빠르다는 고속열차, 세계 각국을 연결해놓은 컴퓨터도 전기가 끊기니 하나같이 아무짝에도 쓸모없는 고철에 불과했다.

편리하자고 만든 문명의 이기들도 무서운 흉기로 변하는 걸 대지진을 통해봤다. 무섭게 연속폭발하며 타오르는 가스저장소와 색깔도 냄새도 없지만 치명적인 방사선을 유출시킨 원자력발전소다.

동북부 지진은 일본만의 일은 결코 아니다. 인간문명 전체와 그 한계점을 드러낸 자연의 경고이기에 겸허한 자세로 받아들여야 한다. 차후에 발생될 재앙에 대해 피해를 줄이기 위해서는 앞선 재난을 반면교사로 삼아야 한다. 더 이상 무차별하게 자연을 훼손시켜서는 안 될 일이다.

타인의 고통은 즐기며 바라보는 것은 풍경일 수가 없다. 또한 영원히 사는 사람도 없다. 그러나 우리는 자연사든 사고사든 개인들의 앞서간 죽음에서 지혜를 배운다. 그것을 통해 보다 안락하고 나은 삶을 살려고 노력을 해야 한다.

그것은 인간이 존속하는 이유다.

유택幽宅

조상을 위한 배려인가. 편리함을 추구하는 후손들의 반란인가. 파묘를 두고 의견이 팽팽하게 대립한다. 아무리 자손에게 해가 없다는 윤년이지만 결론이 쉽지 않음은 예상했었다. 이런 얘기가 나오기까지는 화장에 대한 인식변화도 한몫했지만 주원인은 묘소관리가 어렵기 때문이다.

해마다 추석이 가까워지면 벌초에 대한 부담이 컸다. 원거리인데다 해발 700고지나 되니 고희를 넘긴 자손들이 가기를 꺼렸다. 왜 아니 그러겠는가. 생전에 일면식도 없는 조상들인데다 벌초를 다녀오면 병이 나곤 했다.

조선시대에는 부모상을 당하면 자식된 도리를 다하기 위해 묘소 옆에 움막을 짓고 3년 탈상 때까지 묘소를 돌보는 시묘살이를 했다. 이런 유교적 관습으로 보면 유택을 파헤치고 유골을 수습해 화장한다는 것 자체가 불손한 일이다. 보육의 대가로 부모의 노후를 봉양하던 시대는 지났다. 또한 출산인구의 감소로 제사지내고 조상의 묘를 건사할 자손이 없다. 아니, 없는 게 아니라 관심이 없어진 탓이다.

요즘 장례는 망자의 뜻을 존중하며 그 외는 자손들의 희망에 따라 결정된다. 매장, 화장, 수목장 등을 두고 어느 게 좋으냐 싫으냐는 그것을 바라보는 관점이 다르기 때문이다.

화장火葬에 대해 많은 사람들이 거부감이 갖던 시기도 있었다. 하지만 늘어나는 국토의 묘역잠식에 대한 정부의 꾸준한 홍보와 묘소 관리에 부담을 느끼는 자식들의 생각과 맞아떨어져 화장이 가파르게 증가하는 추세다.

장손인 사촌형님은 선대들의 화장을 극구 반대하셨다. 부산서 살았기에 벌초를 다녀가기도 쉽지 않았다. 그런 당신이 파묘를 하고 화장을 반대한 이유를 지금에야 알것 같다. 하기야 파묘를 요구하는 형제들 말도 일리는 있다. 자손들은 많지만 정작 벌초 때 나타나는 형제는 고작 서너 명이다.

누가 말리랴. 파묘 후 화장을 해서 종중납골당에 모시기로 결정한 것을. 하지만 개운치가 않았다. 오래된 일부 선조들의 묘는 겨우 자손들만 알아 볼 정도로 훼손되고 풀조차 자라지 않았다. 우리 대가 끝나고 후손들이 관리를 안 하면 차라리 그냥 두는 게 좋을 것 같았다. 그게 더 자연스럽지 않은가. 무덤자리인 줄 모르는 산이라면.

여기저기 흩어져있는 묘를 찾아가 정성껏 제를 올리고 유골을 수습했다. 근 70년이 됐는데도 잘 보존된 묘가 있는가하면 흔적도 찾기 어려운 묘도 있었다. 이렇게 묘를 파헤치는 것은 조상을 위해서가 아닌 자손들이 편함을 위해서라니 씁쓸하다.

이장이나 화장을 할 때는 유골이 없으면 흙이라도 담아 와야 한다. 유골함에 흙이라도 넣어야 자손의 도리를 다했다고 믿으니까. 암만 생각해도 이건 아닌 듯싶었다. 그냥 두는 것만 못하지 않은가? 조상을 섬기고 유택을 잘 관리하는 것은 그래야만 조상들이 후손들을 잘 보살펴 줄 거라는 믿음 때문이었다.

어떤 죽음이건 화장장에 가보면 복인들이 눈물을 가장 많이 흘리는 곳이 차에서 관이 내려질 때와 화구로 투입되는 순간이다. 그때만 해도 형상이 그대로 있기 때문이다. 그런 슬픔도 두 시간 후 봉안된 항아리를 받는 순간 인간의 형체를 잃어버린 몇 줌의 유골 분을 보고 눈물을 흘리며 애달파 하는 이를 본 적이 없다.

시립납골당에 가보면 보존된 유골함이 보인다. 그 앞에는 봉안된 망자를 기리는 다양한 사연들과 사진이 붙어있다. 참배객들은 그걸 보면서 눈물짓기도 하고 묵념을 하기도 한다. 존재를 확인할 수 있으니 그렇다. 하지만 종중납골당이나 가족납골당을 가보면 돌집은 육중한 돌문으로 잠겨있어 유골함이 보이지도 않는다. 상이 보이질 않으니 회상이 제대로 될 리가 없다.

영면하던 조상들의 유택도 변화하는 자손들에 사고에 의해 흔들리고 있다. 점점 편하기를 원하니 언제 어떻게 될지 알 수가 없다. 요즘은 수목장이 눈길을 끈다. 나무 밑에 유골함을 묻는 게 수목장이라면 오래된 묘는 그냥 두는 게 순전한 자연장이 아닐까. 매장, 화장, 수목장이 나름의 장단점이 있기에 뭐가 좋다고 단정할 수는 없다. 하지만 자연친화적이고 그 앞에서면 망자가 회상되면 좋겠다.

천 년이 지나도 남아있을 돌무덤인 가족이나 종중 납골당은 한동안 정부가 장려하더니 지금은 허가도 안 해준다. 흉물이 되어 서 있을 돌로 만든 납골당이 그만큼 문제가 많기 때문이다. 이런저런 것들을 고려해 내가 영면할 유택으로 뭐가 좋을지 고민해본다. 가능하다면 내 작은 유골함만 들어가면 될 어머니의 발치면 좋겠다. 나중에 자손들의 손길이 닿지 않아 묵묘로 산이 되더라도 어머니 앞에 묻히고 싶다.

변종호 수필집

섶다리

인 쇄 / 2012년 11월 5일
발 행 / 2012년 11월 9일

지 은 이 / 변 종 호
발 행 인 / 서 정 환
발 행 처 / 수필과비평사

출판등록 / 1984년 8월 17일 제28호
주 소 / 서울시 종로구 익선동 30-6
운현신화타워 빌딩 3층 305호
전 화 / (02) 3675-5633, (063) 275-4000
팩 스 / (063) 274-3131
E - mail / essay321@hanmail.net

값 13,000원

ISBN 978-89-97700-72-1 03810

※ 이 책은 충북문화재단 기금을 지원받아 발간하였습니다.